초등학생을 위한
교과서 속담 사전

글쓰기가 좋아지는 국어 탐구활동 교과서

은옥 글·그림 | 전기현 감수

이 책을 읽는 여러분께

속담을 알면
세상을 더 넓게 이해할 수 있어요!

수수께끼 같은 말들이 있어요.

"우물 안의 개구리처럼 생각하더라고!" "그건 바위에 달걀 부딪치기야." "호랑이도 제 말 하면 온다더니." "힘내. 하늘이 무너져도 솟아날 구멍이 있다잖아."

참 알쏭달쏭한 말인데도 일상에서 흔히 씁니다. 방송이나 책뿐 아니라 일상 대화에서도 다양하게 사용하지요. 그런데 무슨 말인지 모르겠다고요? 지금 이해할 수 있는 말이 하나도 없어도 괜찮아요. 이 책을 다 읽고 나면, 말의 의미가 훤히 보일 겁니다. 여러분이 더 이상 헤매지 않게 든든한 안내자가 되어 줄 테니까요.

속담의 가장 큰 특징은 입에서 입으로 전해졌다는 점이에요. 여러분의 부모님이 태어나기 훨씬 전부터 말이지요. 누가 정한 것도 아닌데 오랜 세월 많은 사람에게 계속 쓰인다는 점이 신기하지 않나요? 속담에는 시대를 뛰어넘는 특별한 힘이 숨어 있답니다. 바로 시간이 지나도 쉽게 변하지 않는 선조의 지혜이지요. 한 문장에 불과한 속담이라고 해도 우린 그 안에서 많은 걸 깨닫고 배울 수 있어요.

말을 하거나 글을 쓸 때 속담을 활용하면 표현이 다채로워져서 말과 글을 풍성하게 만들 수 있어요. 때로는 열 문장을 쓰는 것보다 한 문장의 속담을 쓸 때 전하고자 하는 바를 더 정확하게 나타낼 수 있죠. 강조하고자 하는 부분에 속담을 사용한다면, 사람들에게 강렬한 인상을 남기고 이해도 더 빠르게 도울 것입니다. 유쾌하고 센스 있는 느낌을 주는 것도 가능합니다.

　반대 상황에서도 마찬가지입니다. 속담을 알면 상대가 속담으로 비유하는 말을 할 때나 책을 읽다가 속담을 맞닥뜨렸을 때 단숨에 바르게 알아들을 수 있지요. 그만큼 여러분이 이해할 수 있는 세상이 더 넓어질 것입니다.

　속담은 우리나라뿐 아니라 세계 곳곳에 있어요. 비슷한 의미를 지닌 속담이 나라마다의 특색이 담긴 형태로 존재합니다. 예를 들어 볼까요? 우리나라에 '사공이 많으면 배가 산으로 간다.'라는 속담이 있어요. 그리고 같은 의미의 영미권 속담에는 '요리사가 너무 많으면 수프를 망친다.'가 있죠. 두 속담이 달리 보이지만 둘 다 하나의 일을 할 때 나서는 사람이 너무 많으면 일이 제대로 되기 힘들다는 뜻으로 쓰입니다. 재미있지요? 속담에 대해 알아가면 알아갈수록 흥미롭지 않나요?

　"그래도 공부해야 하니까 지겹잖아요!"라고 외치는 친구가 있을 수도 있어요. 속담을 '공부'해야 한다고 생각하니 괴롭고 따분하게 느껴지나요? 하지만 공부가 꼭 연필로 문제를 풀고, 암기하는 것만은 아니에요. 이 책으로 재미있는 이야기와 그림을 보며 즐거운 속담 공부를 해 보세요. 여행을 떠난다는 기분으로 가볍게 책장을 한 장씩 넘기면 된답니다.

　그럼 이제부터 함께 속담 여행을 시작해 볼까요?

속담 여행 길잡이
은옥

차례

이 책을 읽는 여러분께 • 2
이 책을 활용하는 법 • 10
주제별 아이콘 • 11

1장 하룻강아지 범 무서운 줄 모른다

호랑이에게 잡혀가도 정신만 차리면 산다 • 14
가지 많은 나무에 바람 잘 날 없다 • 15
애들 앞에서는 찬물도 못 먹는다 • 16
열 번 찍어 아니 넘어가는 나무 없다 • 17
십 년이면 강산도 변한다 • 18
구관이 명관이다 • 19
달걀로 바위 치기 • 20
엎드려 절 받기 • 21
사공이 많으면 배가 산으로 간다 • 22
가는 날이 장날 • 23
어물전 망신은 꼴뚜기가 시킨다 • 24
누워서 침 뱉기 • 25
낙숫물이 댓돌 뚫는다 • 26
뛰는 놈 위에 나는 놈 있다 • 27
하룻강아지 범 무서운 줄 모른다 • 28
고생 끝에 낙이 온다 • 29
미꾸라지 한 마리가 온 웅덩이를 흐려 놓는다 • 30

발 없는 말이 천 리 간다 • 31
가는 말이 고와야 오는 말이 곱다 • 32
뒤로 넘어져도 코가 깨진다 • 33
수박 겉 핥기 • 34
하늘이 무너져도 솟아날 구멍이 있다 • 35
남의 손의 떡이 커 보인다 • 36
자라 보고 놀란 가슴 솥뚜껑 보고 놀란다 • 37
두부 먹다 이 빠진다 • 38

속담 퀴즈 • 39
속담 따라 쓰기 • 40

2장 구슬이 서 말이라도 꿰어야 보배

말이 씨가 된다 • 42
열 손가락 깨물어 안 아픈 손가락 없다 • 43
지성이면 감천 • 44
될성부른 나무는 떡잎부터 다르다 • 45
같은 값이면 다홍치마 • 46
숭어가 뛰니까 망둑어도 뛴다 • 47
궁지에 빠진 쥐가 고양이를 문다 • 48
방귀 뀐 놈이 성낸다 • 49
세 살 적 버릇 여든까지 간다 • 50
개똥도 약에 쓰려면 없다 • 51
자루 속의 송곳 • 52

개밥의 도토리 • 53
말 한마디로 천 냥 빚 갚는다 • 54
배보다 배꼽이 더 크다 • 55
여우를 피해서 호랑이를 만났다 • 56
간에 붙었다 쓸개에 붙었다 한다 • 57
등잔 밑이 어둡다 • 58
아 해 다르고 어 해 다르다 • 59
가는 토끼 잡으려다 잡은 토끼 놓친다 • 60
집에서 새는 바가지는 들에 가도 샌다 • 61
구슬이 서 말이라도 꿰어야 보배 • 62
눈 가리고 아웅 • 63
평안 감사도 저 싫으면 그만이다 • 64
내 코가 석 자 • 65
한번 엎지른 물은 다시 주워 담지 못한다 • 66

속담 퀴즈 • 67
속담 따라 쓰기 • 68

3장 공든 탑이 무너지랴

아닌 밤중에 홍두깨 • 70
길동무가 좋으면 먼 길도 가깝다 • 71
작은 고추가 더 맵다 • 72
미운 아이 떡 하나 더 준다 • 73
콩 심은 데 콩 나고 팥 심은 데 팥 난다 • 74
닭 쫓던 개 지붕 쳐다보듯 • 75
울며 겨자 먹기 • 76
벼룩의 간을 내어 먹는다 • 77
소 잃고 외양간 고친다 • 78
귀신이 곡할 노릇 • 79
윗물이 맑아야 아랫물이 맑다 • 80

무쇠도 갈면 바늘 된다 • 81
꼬리가 길면 밟힌다 • 82
공든 탑이 무너지랴 • 83
언 발에 오줌 누기 • 84
낙타가 바늘구멍 들어가기 • 85
닭 잡아먹고 오리발 내놓기 • 86
똥 묻은 개가 겨 묻은 개 나무란다 • 87
백 번 듣는 것이 한 번 보는 것만 못하다 • 88
감나무 밑에 누워서 홍시 떨어지기를 기다린다 • 89
참새가 방앗간을 그저 지나랴 • 90
해가 서쪽에서 뜨다 • 91
겉 다르고 속 다르다 • 92
뱁새가 황새를 따라가면 다리가 찢어진다 • 93
호랑이 없는 골에 토끼가 왕 노릇 한다 • 94

속담 퀴즈 • 95
속담 따라 쓰기 • 96

4장 까마귀 날자 배 떨어진다

보기 좋은 떡이 먹기도 좋다 • 98
친구 따라 강남 간다 • 99
소문난 잔치에 먹을 것 없다 • 100
비 온 뒤에 땅이 굳는다 • 101
우물 안 개구리 • 102
효성이 지극하면 돌 위에도 꽃이 핀다 • 103
꿩 먹고 알 먹는다 • 104
도둑이 제 발 저리다 • 105
잔디밭에서 바늘 찾기 • 106
뒷간 갈 적 마음 다르고 올 적 마음 다르다 • 107
호미로 막을 것을 가래로 막는다 • 108

까마귀 날자 배 떨어진다 • 109
못된 송아지 엉덩이에 뿔이 난다 • 110
먹을 가까이하면 검어진다 • 111
지렁이도 밟으면 꿈틀한다 • 112
불난 집에 부채질한다 • 113
고양이 쥐 생각 • 114
약방에 감초 • 115
부모 말을 들으면 자다가도 떡이 생긴다 • 116
낫 놓고 기역 자도 모른다 • 117
마른하늘에 날벼락 • 118
병 주고 약 준다 • 119
호랑이도 제 말 하면 온다 • 120
한 귀로 듣고 한 귀로 흘린다 • 121
개구리 올챙이 적 생각 못한다 • 122

속담 퀴즈 • 123
속담 따라 쓰기 • 124

5장 구르는 돌에는 이끼가 안 낀다

서당 개 삼 년에 풍월을 읊는다 • 126
바늘 가는 데 실 간다 • 127
산에 가야 범을 잡는다 • 128
티끌 모아 태산 • 129
밑 빠진 독에 물 붓기 • 130
쥐구멍에도 볕 들 날이 있다 • 131
사촌이 땅을 사면 배가 아프다 • 132
빈 수레가 요란하다 • 133
꾸어다 놓은 보릿자루 • 134
물이 깊을수록 소리가 없다 • 135
천 리 길도 한 걸음부터 • 136

누워서 떡 먹기 • 137
재주는 곰이 넘고 돈은 주인이 받는다 • 138
물에 빠지면 지푸라기라도 잡는다 • 139
버들가지 바람에 꺾일까 • 140
구렁이 담 넘어가듯 • 141
원수는 외나무다리에서 만난다 • 142
가까운 이웃이 먼 사촌보다 낫다 • 143
혹 떼러 갔다 혹 붙여 온다 • 144
구르는 돌에는 이끼가 안 낀다 • 145
못 먹는 감 찔러나 본다 • 146
걷기도 전에 뛰려고 한다 • 147
낮말은 새가 듣고 밤말은 쥐가 듣는다 • 148
도토리 키 재기 • 149
손바닥으로 하늘 가리기 • 150

속담 퀴즈 • 151
속담 따라 쓰기 • 152

6장 벼 이삭은 익을수록 고개를 숙인다

원숭이도 나무에서 떨어진다 • 154
첫술에 배부르랴 • 155
되로 주고 말로 받는다 • 156
고래 싸움에 새우 등 터진다 • 157
물에 빠진 놈 건져 놓으니까 내 봇짐 내라 한다 • 158
용의 꼬리보다 뱀의 머리가 낫다 • 159

달도 차면 기운다 • 160
백지장도 맞들면 낫다 • 161
시작이 반이다 • 162
돌다리도 두들겨 보고 건너라 • 163
벼 이삭은 익을수록 고개를 숙인다 • 164
냉수 먹고 이 쑤시기 • 165
믿는 도끼에 발등 찍힌다 • 166
굴러온 돌이 박힌 돌 뺀다 • 167
고양이 목에 방울 달기 • 168
쇠뿔도 단김에 빼랬다 • 169
가재는 게 편 • 170

하나를 듣고 열을 안다 • 171
굼벵이도 구르는 재주가 있다 • 172
빛 좋은 개살구 • 173
하늘의 별 따기 • 174
얌전한 고양이가 부뚜막에 먼저 올라간다 • 175
바늘 도둑이 소도둑 된다 • 176
큰 둑도 작은 개미구멍으로 무너진다 • 177
쇠귀에 경 읽기 • 178

속담 퀴즈 • 179
도움받은 자료들 • 180

이 책을 활용하는 법

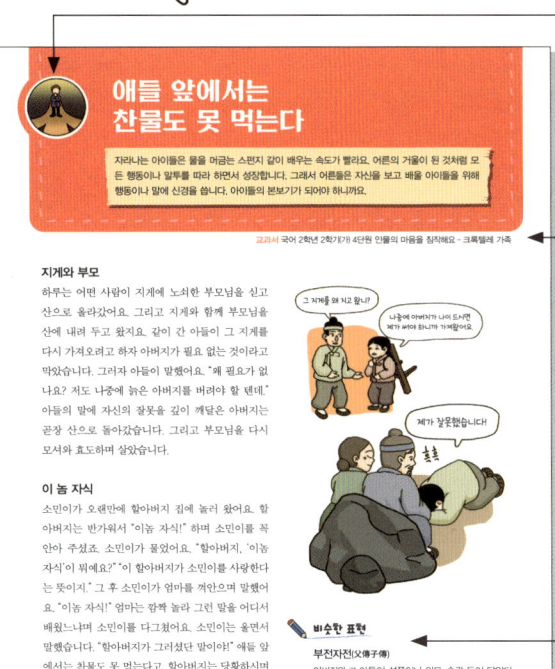

분야별 아이콘
속담으로 배울 수 있는 '슬기로운 삶' '경험하는 삶' '성장하는 삶' 등 삶에 필요한 지혜를 골고루 다루어 표시했습니다.

교과 연계
주제마다 초등학교 교육 과정의 연계 단원을 적어 추가 학습을 할 수 있도록 도왔습니다.

비슷한 표현 / 반대 표현
비슷한 의미를 지니거나 반대 의미를 지닌 속담과 고사성어를 적었어요. 관련 있는 다양한 속담과 고사성어를 익힐 수 있습니다.

돋보기
주제와 관련해 추가로 알아 두면 좋은 상식을 소개했습니다. 친구와 선생님에게 지식을 뽐낼 수 있어요.

속담 퀴즈 / 따라 쓰기
속담의 의미를 다시 떠올리면서 퀴즈를 풀고 한 글자씩 따라 써 보세요. 속담의 의미가 머릿속에 쏙쏙 들어올 거예요.

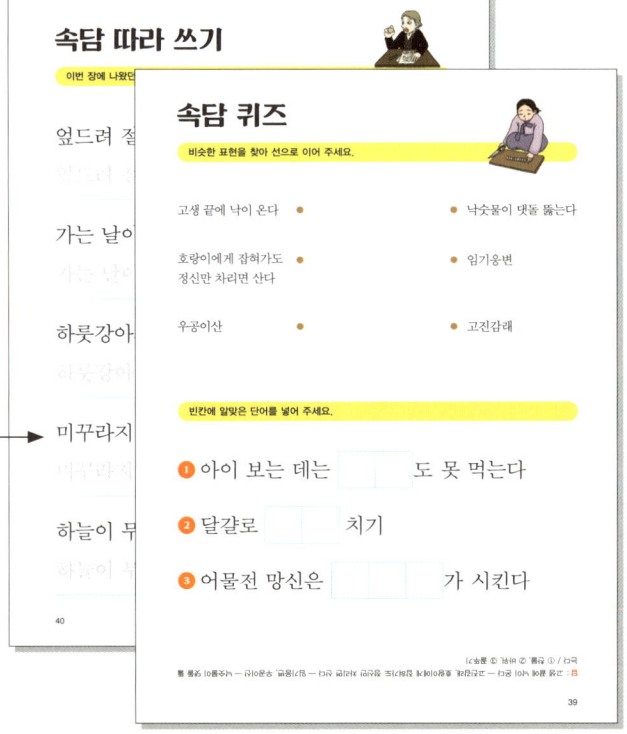

> 주제별 아이콘

슬기로운 삶
곤란한 상황이나 위기에서 벗어나기 위해 빠르게 생각해야 할 때가 있어요. 그럴 때 필요한 게 바로 '슬기로움'입니다. 언제 다가올지 모를 위기에 대비해 미리 슬기로운 삶을 펼쳐 볼까요?

관계 속의 삶
세상은 넓고 다양한 사람이 존재합니다. 주위를 둘러보세요. 친구, 선배, 선생님 등 많은 사람과 관계를 맺고 있을 거예요. 관계 속의 삶을 보면서 다른 사람과 좋은 관계를 유지하는 방법을 알아보세요.

성장하는 삶
꼭 이루고 싶은 꿈이 있나요? 다른 사람의 방해나 위협에도 굴하지 않고 나만의 꿈을 이루기 위해 노력하는 게 바로 성장하는 삶입니다. 어떤 꿈을 가지고 성장하며 살면 좋을지 함께 찾아봅시다.

이기적인 삶
이기적으로 행동하거나 앞과 뒤가 다른 친구를 보면 어떤 기분이 드나요? 당장 눈앞의 이익은 얻을지 몰라도, 나중에는 후회하고 말 거예요. 이기적인 마음으로 살면 어떤 결말을 맞이하는지 함께 살펴봅시다.

어리석은 삶
과한 열등감에 빠지거나 심한 욕심을 부리면, 어리석은 행동을 하게 됩니다. 다른 사람에게 피해 입히거나 내 꾀에 내가 넘어가는 일이 벌어지지요. 어떤 어리석은 행동을 피해야 할지 배워 볼까요?

올바른 삶
사람이라면 마땅히 따라야 할 올바른 길이 있습니다. 사랑으로 자식을 키워 준 부모님에게 효도하고, 불의를 보고 지나치지 않는 것이 바른 행동이라 할 수 있습니다. 올바른 행동에 무엇이 있는지 알 수 있습니다.

역경 속의 삶
누구나 살면서 헤쳐나가기 힘든 어려운 일을 겪기 마련입니다. 그럴 때 필요한 건 무엇일까요? 이야기 속 인물들은 어떻게 고난과 역경을 헤쳐 나갔는지 함께 알아봅시다.

경험하는 삶
상황을 두 가지로 나눈다면, 경험해 본 일과 경험해 보지 못한 일로 나눌 수 있지요. 좋은 경험은 귀중한 보물이 되지만, 나쁜 경험은 떠올리기도 싫은 상처가 됩니다. 사람들은 어떤 경험을 했는지 만나 볼까요?

일러두기
- 주제마다 연계한 단원명은 2015년에 개정된 교육 과정을 반영했습니다.
- 전래 동화 및 일화는 지은이가 읽기 쉽게 정리해 적었습니다.

1장

하룻강아지 범 무서운 줄 모른다

하룻강아지는 태어난 지 얼마 안 된 어린 강아지를 말해요. 강아지가 태산만 한 호랑이에게 덤비는 것은 호랑이가 얼마나 무서운 존재인지 아직 몰라서 그럴 거예요. 이 말은 철없이 함부로 덤비는 경우를 비유한답니다.

호랑이에게 잡혀가도 정신만 차리면 산다

무인도나 사나운 동물이 우글거리는 초원에 떨어졌다고 생각하면 아찔해지죠? 그런 일은 없어야 겠지만 위기 상황을 맞닥뜨린다고 해도 헤쳐 나가려는 정신만 있다면 살아남을 수 있을 거예요.

교과서 국어 1학년 1학기(나) 8단원 소리 내어 또박또박 읽어요 – 호랑이 형님

춤추는 아기 양

풀을 뜯어 먹다가 울타리 밖으로 나온 아기 양은 늑대와 마주쳤어요. 늑대는 당장 아기 양을 잡아먹으려고 했죠. 아기 양은 울먹이며 늑대에게 소원 한 가지만 들어 달라고 간청했어요. "죽기 전에 춤을 추고 싶어요. 피리를 불어 주시겠어요?" 아기 양이 도망가지 못할 거라 생각한 늑대는 기꺼이 피리를 불어 주었어요. 그러자 멀리서 피리 소리를 들은 양치기가 달려와 늑대를 내쫓고 아기 양을 구했어요. 호랑이에게 잡혀가도 정신만 차리면 산다더니, 아기 양은 기지를 발휘하여 위험에서 벗어날 수 있었습니다.

호랑이 효자

홀어머니를 모시던 총각이 산에서 내려가는 도중에 호랑이를 만났습니다. 으르렁거리는 호랑이는 당장이라도 총각을 잡아먹을 것 같았어요. 호랑이에게 잡혀가도 정신만 차리면 산다고, 총각은 묘안을 떠올렸죠. "아이고, 잃어버린 형님을 이제야 찾게 되었군요!" 그 말에 호랑이는 자기가 총각의 형이라고 믿게 되었어요. 이후엔 어머니 몸보신하시라고 고기를 문 앞에 두고 가기도 했죠. 시간이 흘러 총각의 어머니가 나이가 들어 세상을 뜨자, 호랑이도 슬픔을 견디지 못하고 죽어 버렸어요. 호랑이의 효성에 감동한 총각은 어머니 옆에 호랑이를 묻어 주었습니다.

 비슷한 표현

임기응변(臨機應變)
처한 상황에 맞춰 즉각 알맞게 대응한다는 뜻이다.

 문학 작품을 들여다보면 말을 할 수 없는 동물이나 물건 등이 사람처럼 말을 하거나 행동하는 걸 본 적 있을 거예요. 이렇게 사람이 아닌데 사람처럼 표현하는 방식을 의인법이라고 말해요. 읽는 이가 친근하고 재미있게 느낄 수 있게 해 준답니다.

가지 많은 나무에 바람 잘 날 없다

바람이 부는 날 나무를 본 적 있나요? 가지가 이리 저리 흔들려요. 특히 가지 많은 나무는 여린 바람에도, 거친 바람에도 쉴 새 없이 휘청거리죠. 자식을 많이 둔 부모는 걱정 마를 틈이 없다는 것을 뜻해요.

교과서 국어 2학년 2학기(가) 6단원 자세하게 소개해요 – 인어공주

부채와 나막신

부채 장사를 하는 큰아들과 나막신 장사를 하는 작은아들을 둔 어머니는 매일 한숨을 쉬었습니다. 비 오는 날에는 첫째의 부채가 안 팔릴까 봐, 햇빛이 쨍쨍한 날에는 둘째의 나막신이 안 팔릴까 봐 걱정이었죠. 이 모습을 보던 이웃 아주머니가 말했습니다. "그렇다면 거꾸로 생각해 봐요. 맑은 날에는 큰아들의 장사가 잘되고, 비 오는 날에는 작은아들의 장사가 잘되는 거 아니겠어요?" 그 후로 어머니는 매일 어떤 아들의 장사가 잘될까 오히려 기대하면서 살았답니다.

세 아이의 심부름

감기에 걸린 아빠가 세 아이에게 심부름을 시켰습니다. 첫째에겐 감기약, 둘째에겐 죽 재료를 사 오라고 하고, 셋째에겐 우체통에 편지를 넣는 일을 부탁했죠. 하지만 막상 아이들을 보내고 나니 걱정이 앞섰어요. "낯가림이 심한 첫째가 약국에 가서 잘 말할 수 있을까? 혹시 둘째가 지갑을 놓고 가진 않았겠지? 키 작은 셋째가 우체통에 손이 안 닿으면 어떡하지?" 아빠의 걱정이 무색하게 아이들은 무사히 심부름을 마치고 돌아왔고, 아빠는 기뻐하면서도 한편으론 아이들에게 감기가 옮진 않을까 걱정이 되었어요. 가지 많은 나무엔 바람 잘 날이 없는 법이라고 하니 세 아이 걱정이 떠나질 않았습니다.

걱정이군, 걱정이야…

비슷한 표현

가지 많은 나무는 잠잠할 적이 없다
자식이 많으면 이런 일 저런 일 일어나기 마련이라는 뜻이다.

감기는 바이러스에 의해서 생기는 병이에요. 감기에 걸리면 몸이 으슬으슬 떨리거나 콧물이 나기도 목이 붓기도 하죠. 감기를 예방하려면 외출 후엔 손과 발을 깨끗이 씻어야 해요. 또한 충분한 휴식과 숙면을 지키고, 비타민 C가 들어 있는 과일과 채소도 잘 챙겨 먹도록 합니다.

애들 앞에서는 찬물도 못 먹는다

자라나는 아이들은 물을 머금는 스펀지 같이 배우는 속도가 빨라요. 어른의 거울이 된 것처럼 모든 행동이나 말투를 따라 하면서 성장합니다. 그래서 어른들은 자신을 보고 배울 아이들을 위해 행동이나 말에 신경을 씁니다. 아이들의 본보기가 되어야 하니까요.

교과서 국어 2학년 2학기(가) 4단원 인물의 마음을 짐작해요 – 크록텔레 가족

지게와 부모

하루는 어떤 사람이 지게에 노쇠한 부모님을 싣고 산으로 올라갔어요. 그리고 지게와 함께 부모님을 산에 내려 두고 왔지요. 같이 간 아들이 그 지게를 다시 가져오려고 하자 아버지가 필요 없는 것이라고 막았습니다. 그러자 아들이 말했어요. "왜 필요가 없나요? 저도 나중에 늙은 아버지를 버려야 할 텐데." 아들의 말에 자신의 잘못을 깊이 깨달은 아버지는 곧장 산으로 돌아갔습니다. 그리고 부모님을 다시 모셔와 효도하며 살았습니다.

이 놈 자식

소민이가 오랜만에 할아버지 집에 놀러 왔어요. 할아버지는 반가워서 "이놈 자식!" 하며 소민이를 꼭 안아 주셨죠. 소민이가 물었어요. "할아버지, '이놈 자식'이 뭐예요?" "이 할아버지가 소민이를 사랑한다는 뜻이지." 그 후 소민이가 엄마를 껴안으며 말했어요. "이놈 자식!" 엄마는 깜짝 놀라 그런 말을 어디서 배웠느냐며 소민이를 다그쳤어요. 소민이는 울면서 말했습니다. "할아버지가 그러셨단 말이야!" 애들 앞에서는 찬물도 못 먹는다고, 할아버지는 당황하시며 그 뒤론 소민이 앞에서는 고운 말만 하셨답니다.

비슷한 표현

부전자전(父傳子傳)
아버지와 그 아들이 성품이나 외모, 습관 등이 닮았다는 뜻이다.

 옛날에는 아이에게 일부러 말똥이, 개불이, 똥강생이와 같은 이름을 붙여 주기도 했습니다. 과연 왜 그랬을까요? 그때는 아이의 이름이 부르기 쉬워야 복이 많이 들어오고 오래오래 산다고 믿었습니다. 그래서 조선 시대 고종의 어릴 적 이름은 '개똥이'였고, 황희 정승은 돼지를 뜻하는 '도야지'였죠.

열 번 찍어 아니 넘어가는 나무 없다

도끼질 열 번이면 어느 나무든 베어 낼 수 있다는 뜻이에요. 그러기 위해서는 금보다 값진 끈기와 인내가 필요하겠죠. 우리가 이루고 싶은 일도 열 번이고 백 번이고 될 때까지 부딪쳐 보면 분명히 해낼 수 있답니다.

교과서 도덕 3학년 2단원 인내하며 최선을 다하는 생활 – 끊임없는 노력으로 찾은 위대한 발견

세상에서 제일 큰 물고기

세상에서 가장 큰 물고기를 낚는 게 꿈인 어부가 있었습니다. 그는 큰 고기를 낚기 위하여 큰 미끼와 기다란 낚싯대도 만들었어요. 하지만 이런 노력에도 일 년이 지나가도록 큰 고기는 잡히지 않았죠. 그래도 어부는 포기하지 않았습니다. 그러던 어느 날, 심상치 않은 입질이 느껴져 어부와 동네 사람들이 한데 모여 낚싯대를 끌어당겼더니 집채만 한 물고기가 튀어 올랐어요. 열 번 찍어 아니 넘어가는 나무 없다고, 세상에서 제일 큰 물고기를 낚은 어부는 마을 사람들과 고기를 배불리 나눠 먹었답니다.

삼고초려

유비, 관우, 장비는 제갈량을 전략가로 데려오려고 그의 초가집을 방문했어요. 하지만 정작 만나려 했던 제갈량은 없었죠. 며칠 뒤 다시 찾아왔지만, 여전히 제갈량은 코빼기도 보이지 않았어요. "다신 안 올 테요!" 관우와 장비는 화를 냈지만, 유비가 설득하여 세 번째로 찾아왔습니다. 이번에는 제갈량이 나타나 그간의 무례를 사과했어요. "저 같은 사람을 세 번이나 찾아와 주시다니 감사합니다." 열 번 찍어 아니 넘어가는 나무 없다고, 세 번의 방문 끝에 드디어 제갈량을 만났어요. 이후 제갈량은 유비의 책사가 되어 뛰어난 전략으로 조조의 백만 대군을 무찔렀어요. 유비를 황제 자리에 앉히는 데에도 큰 공헌을 했답니다.

세상에! 월척이야!

 비슷한 표현

칠전팔기(七顚八起)
일곱 번 넘어져도 여덟 번 일어난다는 뜻으로, 많은 실패에도 굴하지 않고 꾸준히 노력함을 의미한다.

 어류 중에서 가장 큰 물고기는 고래상어로, 성체의 몸길이가 최대 18미터에 이릅니다. 또한 몸무게는 무려 15~20톤이라고 하니 정말 놀랍죠? 고래상어는 보통 온대와 열대의 먼바다에서 서식한다고 알려져 있으며, 거대한 몸집과 달리 성질이 아주 온순한 친구라고 합니다.

십 년이면 강산도 변한다

일 년 전까지는 없던 건물이 어느 날 우뚝 서 있는 걸 본 적 있을 거예요. 높은 건물이 우뚝 서면 거리의 모습도 달라집니다. 시간이 흐르면 우리가 알던 사람, 풍경, 하물며 문화까지도 달라집니다. '십 년이면 강산도 변한다.'는 세월이 흐르면 모든 게 변한다는 말입니다.

교과서 국어 6학년 1학기(가) 2단원 이야기를 간추려요 – 우주 호텔

사라지고 생겨난 직업

옛날에는 굴뚝 청소부가 솔과 사다리를 가지고 다니며 굴뚝을 깨끗하게 청소했어요. 그러나 십 년이면 강산도 변한다고, 거리엔 아파트와 빌딩이 들어서서 이제는 굴뚝이 있는 집을 보기가 어려워졌습니다. 그와 함께 굴뚝 청소부가 사라졌죠. 이처럼 지난 세월 동안 사회적·기술적 변화 등으로 인해 직업의 종류가 바뀌어 왔어요. 물장수, 전화교환원, 항법사, 인력거꾼 등 사라진 직업이 있는가 하면, 반대로 크리에이터, 창업기획자, 빅데이터 전문가, 인공지능 엔지니어 등 새롭게 생겨난 직업도 있답니다.

스티븐 스필버그

학생 시절 스티븐 스필버그는 우연히 영화 스튜디오에 구경하러 갔다가 영화 필름을 편집하던 사람을 발견했어요. 그 사람은 영화에 관해 친절하게 설명해 줬으며, 자유롭게 출입할 수 있도록 통행증을 주었죠. 스티븐은 날마다 스튜디오를 방문했고, 나중에는 아무도 안 쓰는 방을 찾아 문에다가 '스필버그 감독 방'이라고 적어 놓았어요. 경비원은 물론이고 청소부까지도 그의 방을 관리해 줬죠. 십 년이면 강산도 변한다고, 훗날 그는 유명 영화감독이 되어 멋진 작품들을 많이 만들었답니다.

비슷한 표현

상전벽해(桑田碧海)
뽕나무밭이 푸른 바다가 되었다는 뜻으로, 세상이 몰라보게 변한 것을 의미한다.

 스티븐 스필버그는 미국의 영화감독이자 제작자입니다. 〈죠스〉, 〈이티〉, 〈쥐라기 공원〉, 〈라이언일병 구하기〉 등 세계적으로 유명한 영화를 만들며 위대한 영화감독으로 자리매김했습니다.

구관이 명관이다

빈자리가 나고서야 떠난 사람의 소중함과 능력을 다시금 깨닫게 될 때가 있어요. '구관이 명관'은 나중 사람을 겪으면 이전 사람이 좋았다는 걸 알게 된다는 뜻입니다. 때로는 경험 많은 사람이 일을 잘한다는 말로 쓰이기도 해요.

교과서 사회 5학년 2학기 2단원 사회의 새로운 변화와 오늘날의 우리 – 백성의 어려운 생활

주스 포장 디자인 변화

우리가 어떤 제품을 살 때는 가격과 성능도 고려하지만, 첫눈에 들어오는 디자인도 많이 본답니다. 2009년, 외국의 한 주스 회사가 400억 원의 거금을 들여 제품의 포장 디자인을 바꿨습니다. 하지만 구관이 명관이었던 건지, 오히려 매출이 떨어지고 말았어요. 포장 디자인이 바뀌면서 갓 짜낸 신선한 주스라는 기존의 인상이 사라졌을뿐더러, 소비자들이 새로운 디자인을 낯설어 한 게 그 원인이었죠. 결국 그 주스 회사는 기존의 포장 디자인으로 다시 돌아왔답니다.

우리 반장이 최고야

우리 반에는 까칠한 반장이 있어요. 반장은 봐주는 일이 없어요. 지각한 아이, 시끄럽게 떠드는 아이를 모조리 적어 선생님께 일렀죠. 반에서 안 적혀 본 친구가 없을 정도예요. 그래서 모두 반장을 미워했습니다. 어느 날, 반장이 감기에 걸려서 결석했어요. 그래서 부반장이 반장을 대신했죠. 부반장은 자기랑 친한 친구만 벌 청소에서 빼주고, 다른 친구가 뭐라고 하면 선생님께 이르겠다고 협박했어요! 구관이 명관이라고, 우리는 반장이 그리워졌습니다. 다음 날, 부반장은 전날 한 행동을 선생님께 들켜 우리에게 사과했고, 우리는 돌아온 반장과 함께 즐거운 교실을 만들었답니다.

 반대 표현

역마도 갈아타면 좋다
새것으로 바꾸어 보는 것도 좋은 일이라는 뜻이다.

 종이 우유 팩이 있기 전엔 우유를 유리병에 담아 판매했어요. 그러다 미국의 존 반 워머라는 사람이 종이 우유 팩을 고안해 냈습니다. 지금은 위험하고 무거운 유리병 대신 종이 팩을 사용하는 곳이 더 많아졌어요.

달걀로 바위 치기

달걀이 바위 위로 떨어지면 달걀이 산산조각 날 거예요. 하지만 바위는 끄떡없지요. 이렇게 아무리 맞서도 이길 수 없는 경우를 '달걀로 바위 치기'라고 해요.

교과서 도덕 5학년 2단원 내 안의 소중한 친구 – 구두 수선공 아버지

묵자와 점쟁이

묵자가 북쪽의 제나라로 가던 길에 점쟁이를 만났어요. 점쟁이는 묵자에게 오늘 북쪽이 불길하다고 말했죠. 묵자는 터무니없는 소리라며 계속해서 북쪽으로 향했습니다. 그러다 강을 만났는데 강물의 흐름이 거세어 도저히 건널 수 없었어요. 결국 왔던 길을 되돌아왔죠. 점쟁이는 되돌아온 묵자를 보고 자신의 말을 듣지 않았던 묵자를 비웃었어요. 묵자는 화가 나서 말했어요. "당신의 말은 근거 없는 미신이오. 그럼 오늘 그 누구도 북쪽으로는 가지 못한다는 말이오? 아무리 말해도 당신은 자신이 얼마나 어리석은지 깨닫지 못하니 달걀로 바위를 치는 게 낫겠소." 터무니 없고 어리석은 말을 달걀로 바위 치기에 비유한 것이죠.

늑대의 그림자

석양이 질 무렵, 한 늑대가 언덕 위를 지나가다 자신의 그림자를 내려다봤어요. 해가 저물어가는 탓에 늑대의 그림자가 길게 늘어져 있었죠. 기다란 그림자를 본 늑대는 자신의 덩치가 사자보다 커졌다고 생각했어요. 그리고 자신만만하게 외쳤죠. "사자야, 나와라. 나에게 덤벼라!" 마침 근처를 어슬렁거리던 사자가 그 말을 듣고 불쑥 나타났죠. "나와 싸워 보자는 거냐?" 늑대는 자기보다 훨씬 커다란 사자를 보고 펄쩍 뛰며 놀랐어요. 사자에게 덤비는 건 달걀로 바위 치기라는 걸 깨달은 늑대는 줄행랑쳤습니다.

비슷한 표현

쥐 구멍으로 소 몰려 한다
도저히 불가능한 일을 억지로 해내려 하는 걸 비꼬아 이르는 말이에요.

묵자는 제자백가 중 묵가 학파의 시조가 된 사상가예요. 묵자가 살던 춘추 전국 시대는 크고 작은 전쟁이 잦았어요. 묵자는 사람들이 서로를 사랑하지 않아 싸움과 전쟁이 생겨난다고 생각하여, 겸애(兼愛)를 강조했습니다.

엎드려 절 받기

상대는 그럴 마음이 없는데 억지로 요구하여 대접을 받는다는 뜻입니다. 다른 사람에게 좋은 대접을 받고 싶으면 나부터 상대를 대접해야 한다는 걸 깨달아야 해요.

교과서 국어 4학년 2학기(나) 9단원 감동을 나누며 읽어요 – 멸치 대왕의 꿈

그 정도의 대접

쇼팽은 친하지 않은 사람에게 저녁 식사 초대를 받았어요. 별로 내키지 않았지만, 하는 수 없이 갔지요. 그런데 식사도 부실하고, 대접도 허술했습니다. 그리고 집주인은 식사가 끝나자마자 기다렸다는 듯 쇼팽에게 피아노 연주를 부탁했어요. 쇼팽은 집주인의 엎드려 절 받는 태도에 기분이 상했습니다. 그래서 피아노에 앉아 어느 노래의 한 구절만 치고선 자리에서 일어났죠. 집주인이 의아해 했어요. "무슨 곡인데 그렇게 짧게 연주합니까?" 쇼팽이 대답했습니다. "난 대접받은 만큼 연주했소."

부자와 가난뱅이

옛날에 한 부자가 어느 선비를 만났습니다. 매번 자신을 보면 고개를 숙이는 마을 사람들과 달리 모른 채 지나가는 선비를 보자 부자는 마음이 상했어요. "당신은 왜 나를 보고도 고개 숙이지 않는 것이오?" 선비가 말했습니다. "당신이 내게 뭘 해 줬다고 내가 그래야 하오?" 그러자 부자는 자기 재산의 십 분의 일을 주면 고갤 숙이겠냐고 물었어요. 엎드려 절 받기라도 해야겠다는 생각이었죠. 선비가 고개를 젓자 부자는 다시 절반을 주겠다고 했어요. "그럼 당신과 내 처지가 같아지는데, 왜 내가 그러겠소?" 선비의 태도에 약이 오른 부자가 재산 전부를 주면 고개를 숙이겠느냐고 묻자 선비가 비웃었어요. "그럼 당신이 가난뱅이고, 내가 부자인데 왜 내가 고개를 숙이겠나?"

반대 표현

술 받아 주고 뺨 맞는다
선한 마음으로 남을 잘 대접하고 나서 오히려 해를 입는 경우를 말한다.

 쇼팽은 폴란드의 작곡가이자 피아니스트예요. 그는 피아노곡 작곡에 전념하여 그 분야에 있어서는 최고로 평가받지요. 쇼팽은 〈즉흥 환상곡〉, 〈빗방울 전주곡〉, 〈레 실피드〉 등 수많은 작품을 남겼답니다.

사공이 많으면 배가 산으로 간다

사람이 많아지면 힘은 모이겠지만, 제각각인 의견을 하나로 모으기가 힘들어요. 그래서 일이 흐지부지 끝나거나 예상과는 전혀 다른 방향으로 흘러가기 쉬워집니다. 바다에 있어야 할 배가 산으로 가는 것도 같은 이유인 거죠.

교과서 국어 4학년 2학기(나) 8단원 생각하며 읽어요 – 당나귀를 팔러 간 아버지와 아이

세 짐수레꾼

백조와 새우, 메기는 친한 친구였어요. "우리 셋이 모이면 해내지 못할 일은 없을 거야!" 마침 짐수레꾼을 모집한다는 얘기를 듣게 된 세 친구는 함께 힘을 합치기로 했어요. 짐수레에 끈을 묶어 하나씩 나눠 가진 세 마리는 힘껏 힘을 주어 끌어당겼어요. 하지만 짐수레는 꼼짝하지 않았죠. 알고 보니 백조는 하늘 쪽으로, 새우는 바다 쪽으로, 메기는 호수 쪽으로 끈을 잡아당겼던 거예요. 사공이 많으면 배가 산으로 간다더니, 세 친구가 끄는 짐수레는 오래오래 제자리에 멈춰 있었답니다.

당나귀를 팔러 간 아버지와 아들

아버지와 아들이 당나귀를 팔기 위해 끌고 가고 있었습니다. 지나가던 상인이 그들의 모습을 비웃었어요. "어린아이라도 당나귀에 태우지…." 그 말을 듣고 아버지가 당나귀 등에 아들을 태웠습니다. 잠시 뒤 어느 노인이 보더니 혼자 당나귀를 탄 아들이 불효자라고 화를 냈어요. 그래서 이번엔 아버지도 당나귀 위에 올라탔습니다. "저런, 당나귀가 불쌍하군." 부자가 탄 당나귀를 보고 젊은이들이 말했어요. 그러자 부자는 막대에 당나귀 다리를 묶어 어깨에 메었어요. 사람들은 그 모습을 보고 깔깔 웃었답니다. 사공이 많으면 배가 산으로 가는 법이죠.

 반대 표현

백지장도 맞들면 낫다
아무리 쉬운 일이라도 서로 힘을 합하면 더 쉽다는 뜻이다.

 원래 새우는 어두운 회색이에요. 그런데 새우를 익히면 왜 빨간색으로 변할까요? 그 비밀은 아스타산틴이라는 색소에 있습니다. 원래는 갑각류나 어패류가 적외선의 악영향으로부터 몸을 보호하려고 가지고 있는 색소인데요, 이것에 뜨거운 열을 가하면 단백질과 분리되어 붉은색이 된답니다.

가는 날이 장날

우리의 예상이나 계획과 다르게 흘러가는 날이 있어요. 마치 갑작스러운 폭우를 만난 날이나, 뜻하지 않은 일을 공교롭게 마주쳤을 때처럼 말이죠. 바로 그럴 때를 가리켜 '가는 날이 장날'이라고 말한답니다.

교과서 국어 3학년 1학기(나) 10단원 문학의 향기 – 강아지 똥

실거리 꽃 전설

바닷가 마을에 살던 젊은 과부는 아름다운 옷을 입고 치장하는 게 소원이었어요. 하루는 과부가 모아 둔 돈을 들고 뭍에 나갔다가 옷감을 사서 돌아오고 있었죠. 하지만 가는 날이 장날이라고, 갑작스러운 풍랑을 만나 배가 심하게 흔들렸어요. 과부는 실수로 옷감이 든 보따리를 놓쳐 버려 옷감이 바닷속으로 빠지고 말았죠. 과부는 옷감을 되찾기 위해 바다로 뛰어들었지만, 다시 돌아오지 못했습니다. 사람들은 이 과부의 넋이 갈고리 같은 바늘을 가진 실거리꽃이 되어 사람들의 옷자락을 잡고 안 놔준다고 생각했답니다.

떡은 누가 먹을까

한 부부가 이웃집에서 떡을 얻어 왔어요. 그리고 떡을 방 한가운데에 두고 내기를 했습니다. 먼저 말을 하는 사람이 떡을 포기하기로 했습니다. 그런데 가는 날이 장날이라고 하필 그날 밤에 도둑이 들었습니다. 부부는 도둑을 보고도 내기를 하느라 입을 꾹 닫고 있었어요. 부부가 말을 못한다고 생각한 도둑은 그사이에 집안의 물건을 식기 하나까지 전부 챙겼어요. 유유히 달아나는 도둑을 지켜보던 아내는 참다못해 소리쳤어요. "도둑이다, 도둑이야!" 그러자 남편이 "이제 이 떡은 내 차지다!"라고 좋아하며 떡을 홀라당 먹어 버렸답니다.

가는 날이 생일
어떤 일을 하려다 예상치 못한 일을 당함을 뜻한다.

여러분은 필요한 물건을 어디에서 사나요? 대부분은 마트나 시장, 편의점에서 살 거예요. 옛날 사람들은 장이 서는 장날에 물건을 주로 사고팔았습니다. 이 '장날'은 매일 열리는 게 아니라, 보통 사흘에서 닷새에 한 번씩 섰다고 해요. 이 주기에 맞춰서 삼일장, 오일장 등의 이름으로 불렀답니다.

어물전 망신은 꼴뚜기가 시킨다

어물전은 생선이나 미역, 김과 같은 어물을 팔던 가게를 뜻해요. 크기가 작은 꼴뚜기는 옛날에 보잘것없는 어물로 취급되었어요. 어물전에 꼴뚜기가 놓이면 다른 어물들도 하찮아 보이듯, 못난 사람이 같이 있는 동료를 망신시킨다는 의미예요.

교과서 국어 6학년 1학기(나) 7단원 우리말을 가꾸어요 – 버들이를 사랑한 죄

까마귀 망신

가장 아름다운 새를 왕으로 선정하기로 한 자리에서 여러 새가 저마다의 매력을 뽐내는 가운데, 유독 아름답고 고운 깃털을 가진 새가 나타났어요. 새들은 처음 보는 아름다운 새의 등장에 수군댔죠. 그러다 어느 한 새가 외쳤습니다. "저거 내 깃털 아니야?" 그러자 다른 새들도 아름다운 새의 몸에 꽂힌 자신의 깃털을 발견했어요. 화가 난 새들은 자기의 깃털을 찾아 모두 뽑아 갔습니다. 아름다운 새를 덮고 있던 색색의 깃털이 사라지고 드러난 정체는 바로 갈까마귀였습니다. 어물전 망신은 꼴뚜기가 시킨다고, 너 때문에 우스운 꼴이 되었다면서 다른 까마귀들도 갈까마귀의 곁을 떠나 버렸어요.

상투 싸움

안창호가 미국 샌프란시스코에서 유학하던 시절, 길을 가다가 우연히 우리나라 인삼 장수들이 서로의 상투를 잡고 다투는 광경을 보게 되었어요. 안창호는 서둘러 싸움을 말렸습니다. 어물전 망신은 꼴뚜기가 시키듯이, 이 싸움을 보고 외국인들이 우리 민족에 대해 안 좋은 인식을 가질까 봐 걱정한 것이지요. 안창호는 교포들이 사는 마을로 찾아가 그곳을 깨끗이 청소하고, 그들이 타국에서 잘 적응할 수 있도록 도와줬어요. 교포들도 그런 안창호의 마음을 깨닫고, 그를 지도자처럼 믿고 따랐답니다.

저기에 내 깃털이 있어!

✏️ 비슷한 표현

과일 망신은 모과가 시킨다
못난 사람이 함께 있는 동료를 망신시킨다는 뜻이다.

 도산 안창호는 일제 강점기에 활약한 독립운동가이자 교육가였어요. 신채호와 함께 '신민회'를 만들어 우리나라 주권을 되찾기 위해 노력하고, 청년 학우회를 조직해 민족 지도자를 양성하려 했으며, 교육 운동도 벌였어요.

누워서 침 뱉기

누워서 침을 뱉게 되면 그대로 내 얼굴에 다시 떨어지겠죠? 남에게 해를 입히려다 도리어 자신이 당하는 경우에 사용해요. 남을 모함하려다 자기 자신이 공격을 당하거나 모함을 받는 상황을 일컫는 말이에요. 누군가를 비난하기만 하는 사람에게도 누워서 침 뱉기라고 경계하며 말해요.

교과서 국어 4학년 1학기(가) 2단원 내용을 간추려요 – 나무 그늘을 산 총각

명태를 산 시골 사람

가게 주인은 순진해 보이는 시골 사람에게 명태를 좋은 생선이라 속여 비싸게 팔았어요. 시골 사람은 명태를 자루에 넣고, 가게 주인에게 잠시 맡겼습니다. 다시 돌아온 시골 사람은 자루 안을 확인했어요. 그러면서 안에 있던 천 냥이 사라졌다고 거짓말하며, 가게 주인에게 내놓으라고 했죠. 가게 주인은 모르는 일이라며 못 준다고 했고, 결국 싸움이 났습니다. 지나가던 원님이 그 모습을 보고는 왜 다투냐고 물었어요. 이야기를 들은 원님은 명태를 비싸게 속여 판 가게 주인이 먼저 잘못했다고 판단해, 시골 사람에게 천 냥을 주도록 했습니다. 남 속이려다 오히려 당한 가게 주인은 누워서 침 뱉은 격이었죠.

늑대의 후회

사자가 병에 걸리자 숲속 동물들이 병문안을 왔어요. 하지만 여우는 며칠이 지나도 보이지 않았죠. 이 틈을 타 늑대는 여우의 잘못을 거짓으로 꾸며 사자를 화나게 했습니다. 때마침 여우가 나타났어요. 눈치 빠른 여우는 늑대가 모함한 것을 알고 꾀를 부렸습니다. "저는 사자님의 병을 고칠 약을 알아보느라 늦은 것입니다." 사자가 그 약이 무엇이냐고 묻자 여우가 답했습니다. "늑대의 가죽입니다." 그제야 늑대는 자신이 한 짓이 누워서 침 뱉기였다는 걸 깨닫고 후회했지만, 사자에게 잡아 먹히고 말았지요.

 비슷한 표현

자승자박(自繩自縛)
자신이 만든 줄로 자신을 묶는다. 자신이 한 말과 행동으로 인해 어려움에 처하게 되는 것을 뜻한다.

 명태는 다양한 이름을 갖고 있어요. 막 잡아 올리면 생태, 얼리면 동태, 말리면 북어, 겨울 바람에 얼고 녹기를 반복하면 황태라고 하죠. 그 밖에도 코다리, 노가리, 간태 등으로 부르기도 한답니다.

낙숫물이 댓돌 뚫는다

낙숫물은 지붕 끝에서 뚝뚝 떨어지는 물을 말해요. 한 방울씩 떨어지는 물은 미약해 보이지만, 오랜 시간 계속되면 굳센 바위도 뚫는 것처럼 작은 힘도 계속되면 크고 힘든 일을 이룰 수 있다는 거죠.

교과서 국어 4학년 2학기(가) 4단원 이야기 속 세상 – 사라, 버스를 타다

'버스 안 타기' 운동

킹 목사가 미국 몽고메리 주에서 살 때 생긴 일이었어요. 로자 파크스란 흑인 여성이 버스에서 백인에게 좌석을 양보하지 않았다는 이유로 경찰에 체포되었죠. 당시엔 흑백 분리법에 따라서 흑인은 백인에게 자리를 양보해야 했어요. 이 일을 알게 된 킹 목사는 옳지 않다며 수많은 흑인과 함께 버스 승차를 거부했습니다. 비가 오고 바람이 불어도 그들은 절대 버스를 타지 않았죠. 마침내 381일째 되던 날, 미국 연방 법원은 흑백 분리법이 옳지 않다고 판결했습니다. 낙숫물이 댓돌을 뚫는다고, 그들의 노력이 커다란 변화를 끌어낸 것입니다.

숲을 만든 사람

야다브 파엥이 살던 인도의 마주리 섬은 1970년대 자연재해로 인해 척박한 땅이 되었습니다. 숲이 사라지고 동물들은 죽어가고 있었죠. 야다브는 그 모습에 슬퍼하며 매일 나무 모종을 한 그루씩 심었어요. 낙숫물이 댓돌 뚫는다고, 그의 노력은 40년 가까이 이어져 미국 센트럴 파크보다 거대한 숲을 만들어 냈습니다. 현재 마주리 섬의 숲에는 벵갈 호랑이, 코뿔소, 독수리, 코끼리 등 다양한 야생동물이 살고 있어요. 야다브는 앞으로도 계속해서 나무를 심겠다고 말했습니다. 이런 야다브의 이야기는 다큐멘터리로 제작되기도 했답니다.

비슷한 표현

우공이산(愚公移山)
어리석은 사람이 산을 옮긴다는 의미로, 한 가지 일을 꾸준하게 하면 언젠가 큰일을 해낼 수 있다는 뜻이다.

 미국의 인권 운동가이자 목사인 마틴 루터 킹은 '버스 안 타기' 운동 이후에도 인종 차별을 없애기 위해 부단히 노력했고, 1964년에 그 공로를 인정받아 노벨 평화상을 수상했어요.

뛰는 놈 위에 나는 놈 있다

아무리 재주가 뛰어나도 자만하거나 너무 뽐내면 크코다치기 쉬워요. 어딘가에는 그보다 더 뛰어난 사람이 있기 마련이거든요. 그러니 우리는 늘 겸손한 마음을 가지고 꾸준히 앞을 향해 나아가야 한답니다.

교과서 국어 3학년 1학기(나) 8단원 의견이 있어요 - 소금 장수와 당나귀

녹두 영감과 토끼

한 영감이 뒷밭에 심어 놓은 녹두를 토끼가 몰래몰래 따 먹었어요. 고민하던 영감은 몸에 과일을 올려놓고 녹두밭에 가서 죽은 척을 했습니다. 토끼가 과일을 보고 다가오자 영감은 얼른 토끼를 낚아챘어요. 토끼를 잡아먹으려고 영감이 솥을 가지러 간 사이에 토끼는 도망치려고 했죠. 영감은 뒤늦게 달려와 토끼 뒷다리를 붙잡았어요. 그러자 토끼가 말했습니다. "할아버지, 왜 제 다리를 잡지 않고 울타리를 잡고 계세요?" 순간 자신이 잡은 게 울타리인 줄 알았던 영감은 그만 손을 놓아 버렸어요. 역시 뛰는 놈 위에 나는 놈 있다더니, 꾀쟁이 토끼는 "내 다리는 여기 있지!"라고 영감을 놀리며 달아났습니다.

당나귀의 꾀

소금 자루를 진 당나귀가 주인과 함께 다리를 건너다 강에 빠졌습니다. 강에서 올라온 당나귀는 소금이 물에 녹아 가벼워졌다는 걸 깨달았어요. 다음 날, 당나귀는 또 무거운 소금 자루를 지게 되자 실수인 척 다시 강에 빠졌습니다. 주인은 당나귀가 꾀를 부리고 있다는 걸 눈치챘어요. 뛰는 놈 위에 나는 놈 있다고 하죠? 주인은 이번에 소금이 아닌 솜이 든 자루를 당나귀에게 지웠습니다. 역시나 당나귀는 이번에도 강에 빠졌습니다. 그런데 물을 먹은 솜은 오히려 더 무거워졌고, 당나귀는 꾀부린 걸 후회했답니다.

✏️ 비슷한 표현

치 위에 치가 있다
아무리 재주가 훌륭해도, 더 훌륭한 사람이 있다는 뜻이다.

 녹두는 작은 연둣빛의 콩이에요. 우리에게 친근한 재료로, 전을 부쳐 먹거나 묵을 쑤어 먹기도 하지요. 녹두는 체내 독성 물질을 몸에서 내보내고 신진대사를 촉진한다고 알려져 있어요.

하룻강아지 범 무서운 줄 모른다

하룻강아지는 태어난 지 얼마 안 된 어린 강아지를 말해요. 강아지가 태산만 한 호랑이에게 덤비는 건 호랑이가 얼마나 무서운 존재인지 아직 몰라서 그럴 거예요. 이 말은 철없이 함부로 덤비는 경우를 비유한답니다.

교과서 국어 4학년 2학기(나) 9단원 감동을 나누며 읽어요 - 멸치 대왕의 꿈

스핑크스의 수수께끼

여신 헤라의 명령을 받은 스핑크스는 테베를 오가는 길목을 막고 있었어요. 그리고 수수께끼를 풀기 전까진 비키지 않겠다고 했죠. 테베의 여왕은 스핑크스를 내쫓고자 수수께끼를 맞히는 자에겐 왕의 자리를 주겠다고 했어요. 많은 이들이 실패하여 스핑크스에게 잡아먹히는 와중에 이웃 나라 오이디푸스가 찾아왔습니다. 스핑크스는 하룻강아지 범 무서운 줄 모른다고 생각하며, 오이디푸스에게 수수께끼를 냈어요. "아침엔 다리가 네 개, 낮에는 두 개, 저녁엔 세 개인 것은 무엇이지?" 오이디푸스가 답했습니다. "정답은 인간이야. 아기일 땐 네 발로 기어 다니고, 크면 두 발로 걸어 다니며, 늙으면 지팡이로 짚고 다니지." 스핑크스는 도망가 버렸고, 오이디푸스는 테베의 왕이 되었답니다.

사마귀의 용기

옛날에 장공이라는 왕족이 마차를 타고 이동하고 있었어요. 사람들은 마차가 지나갈 수 있도록 길을 비켜 주었어요. 그런데 사마귀 하나가 앞발을 치켜들고 마차의 수레바퀴에 덤벼들었어요. 마부가 말했습니다. "사마귀는 앞으로만 나아갈 줄 알고, 상대가 무엇이 됐든 덤벼듭니다." 장공은 하룻강아지 범 무서운 줄 모르고 마차에 덤빈 사마귀의 용기를 기특하게 여겼고, 사마귀가 다치지 않도록 마차를 돌려서 갔다고 해요.

비슷한 표현

당랑거철(螳螂拒轍)
사마귀가 수레를 가로막는다. 상대가 되지 않는 대상에 함부로 덤빈다는 뜻이다.

 스핑크스는 사람 머리에 사자의 몸을 가진 괴물로 알려져 있습니다. 이는 왕의 권력을 상징하여 표현한 것이죠. 이집트의 여러 스핑크스 조각상 중에서 카프레 왕의 피라미드에 딸린 스핑크스가 가장 오래되고 거대하답니다.

고생 끝에 낙이 온다

우리는 눈앞에 닥친 역경만을 보고 좌절해서는 안 돼요. 어렵고 힘든 일을 겪고 나면 그 뒤에는 분명 즐겁고 좋은 일이 기다리고 있을 거랍니다.

교과서 국어 4학년 1학기(가) 3단원 느낌을 살려 말해요 – 생태 마을 보봉

체스 구경하던 퓰리처

헝가리에서 미국으로 이민 온 퓰리처는 돈을 벌기 위해 안 해본 일이 없었어요. 하지만 어느 일도 마땅찮아 일단 영어 공부를 시작하겠다고 마음먹고 도서관에 다녔어요. 퓰리처는 어느 날 도서관 한쪽에서 체스를 두는 사람들을 구경했습니다. 그러면서 조언을 몇 번 했는데, 그의 조언이 기지가 넘치고 적절해서 사람들은 감탄했어요. 마침 그 자리에 있던 신문사 편집자들은 퓰리처의 날카로운 지적이 예사롭지 않다고 느껴 그를 신문 기자로 채용했죠. 고생 끝에 낙이 온다고, 신문 기자가 된 퓰리처는 뛰어난 기자 정신을 발휘하며 이름을 널리 알렸습니다.

해리포터와 조앤 롤링

조앤은 결혼한 지 2년도 채 안 돼 남편의 가정폭력으로 이혼하고, 홀로 아이를 키우며 어렵게 살았습니다. 곰팡이 핀 아파트에서 살며 아이 우윳값도 마땅치 않은 가난한 생활을 이어 갔죠. 그러나 조앤은 글 쓰는 일을 포기하지 않았고, 그렇게《해리포터》를 완성했습니다. 그러나 찾아가는 출판사마다 번번이 퇴짜를 놓았고, 겨우 13번째 출판사에서 책이 출판될 수 있었어요. 고생 끝에 낙이 온다고,《해리포터》는 날개 돋친 듯 팔려 나갔습니다. 전 세계에서 성경 다음으로 많이 팔린 책이 되었으며, 많은 사람의 사랑을 받는 소설이 되었지요.

 비슷한 표현

고진감래(苦盡甘來)
쓴 것이 다하면 단것이 온다는 의미로, 고생 끝에는 즐거움이 찾아올 것을 뜻한다.

 퓰리처의 이름에서 따온 퓰리처상은 미국에서 가장 권위 있는 보도·문학·음악 상이에요. 퓰리처가 마련한 기금으로 1917년에 창설되었지요. 수상자는 매년 4월에 발표하며 미국 컬럼비아대학교에서 시상식이 열린다고 합니다.

미꾸라지 한 마리가 온 웅덩이를 흐려 놓는다

한 사람의 행동으로 애꿎은 사람들이 피해를 입게 되면 답답하고 억울할 거예요. 한 사람의 잘못된 행동이 그 집단이나 주변에 있던 여러 사람에게 나쁜 영향을 미친다는 뜻이에요.

교과서 국어 6학년 1학기(가) 2단원 이야기를 간추려요 – 황금 사과

토마스 헉슬리

찰스 다윈은 《종의 기원》이라는 책에서 환경 적응에 유리한 생물종이 살아남아 진화한다는 자연 선택설을 주장했습니다. 당시 기독교인들은 창조론에 반하는 자연 선택설을 비판했어요. 하지만 다윈을 지지하는 사람들도 생겨났고, 그중 한 명이 토마스 헉슬리였습니다. 헉슬리는 언쟁을 피하는 다윈 대신 꿋꿋하게 맞섰습니다. 당시 사람들은 미꾸라지 한 마리가 온 웅덩이를 흐려 놓는다고 생각했죠. 1860년 한 대학에서 '자연 선택설'에 대한 찬반 논쟁을 벌이던 중에 한 사람이 헉슬리에게 당신의 조상은 원숭이냐고 묻자 헉슬리가 답했습니다. "나는 진실을 말하길 두려워하기보다 원숭이의 자손이 되겠다." 그 말에 강연장 곳곳에선 박수 소리가 들려왔습니다.

황소 세 마리와 사자

황소 세 마리는 풀을 뜯어 먹을 때도, 산책을 할 때도 늘 뭉쳐 다녔어요. 사자는 황소를 잡아먹고 싶었지만, 세 마리가 함께 있었기에 쉽지 않았죠. "어떻게 하면 세 마리를 떨어뜨려 놓을 수 있을까?" 사자는 곧 번뜩이는 생각을 떠올렸습니다. 미꾸라지 한 마리가 온 웅덩이를 흐려 놓는다고, 사자가 음흉한 말로 이간질을 하여 세 마리의 황소를 뿔뿔이 흩어 놓았어요. 결국 따로 떨어진 황소들은 사자에게 잡아먹히고 말았습니다.

 반대 표현

계견승천(鷄犬昇天)
한 사람이 출세하면 집안사람들이 덩달아 덕을 보며 산다는 뜻이다.

 찰스 다윈은 생물 진화론을 내세운 영국의 생물학자예요. 다윈은 갈라파고스 군도를 탐험하다가 다른 모양의 부리를 가진 핀치새를 보고 자연 선택에 대한 생각을 떠올렸어요. 같은 새인데도 벌레를 주로 먹으면 부리가 뾰족하고, 씨앗이나 열매를 주로 먹으면 부리가 두꺼웠답니다.

발 없는 말이 천 리 간다

친구에게만 몰래 말한 비밀 이야기를 어떻게 모두가 알게 될까요? 말에는 발이 없지만, 입에서 입을 통해 아주 멀리까지 퍼지게 된답니다. 말을 조심해야 하는 것도 이런 이유 때문이지요.

교과서 국어 6학년 2학기(가) 3단원 타당한 근거로 글을 써요 – 제발 저희 가게를 도와주세요

임금님 귀는 당나귀 귀

신라 경문왕은 왕이 되고선 귀가 당나귀처럼 길어졌는데, 이를 아는 건 왕의 모자를 만들던 복두장뿐이었어요. 경문왕은 이 사실을 아무에게도 말하지 말라고 당부했고, 복두장은 오랫동안 비밀을 지켰죠. 그러나 나중에는 답답함을 도저히 참을 수 없어 도림사 대나무 숲에서 외쳤어요. "우리 임금님 귀는 당나귀 귀다!" 그 이후로 바람이 불면 대나무 숲에선 복두장의 외침이 들려오곤 했습니다. 발 없는 말이 천 리 간다고, 백성들이 소문을 듣고 수군대자 왕은 대나무를 모조리 베어 내고 산수유나무를 심었어요. 하지만 이후에도 그 소리는 계속됐습니다. 임금님 귀는 당나귀 귀!

카시오페아 자리

에티오피아의 왕비 카시오페아는 자신이 바다의 요정보다 아름답다고 말하며 다녔습니다. 발 없는 말이 천 리 간다고, 이 말은 기어코 바다 깊은 곳의 요정 귀에 들어가게 되어 요정은 바다의 신 포세이돈에게 왕비를 벌해 달라고 부탁했어요. 그래서 포세이돈이 바다 괴물을 보내 왕국을 황폐하게 만들었습니다. 결국은 제물로 딸인 안드로메다 공주를 바치게 되었죠. 시간이 흘러 왕비가 죽게 되자, 포세이돈은 그를 의자에 거꾸로 매달린 모양의 별자리로 만들어 허영심에 대한 벌을 주었다고 합니다.

비슷한 표현

사불급설(駟不及舌)
말 네 마리가 끄는 수레도 혀에는 미치지 못한다는 뜻으로, 말이 아주 빠른 속도로 퍼진다는 것을 의미한다.

 별자리 운세에 나오는 열두 개의 별자리를 본 적 있나요? 우리는 천구 상에서 태양이 지나가는 길인 황도를 통과한다고 하여 이 별자리들을 황도 12궁이라고 불러요. 황도 12궁에는 양자리, 황소자리, 쌍둥이자리, 게자리, 사자자리, 처녀자리, 천칭자리, 전갈자리, 궁수자리, 염소자리, 물병자리, 물고기자리가 있습니다.

가는 말이 고와야 오는 말이 곱다

자신에게 험하게 말하고 함부로 행동하는 사람에게 친절하게 대하고 싶은 사람은 없을 거예요. 다시 말해 내가 먼저 남에게 잘해야 상대방도 나에게 친절하게 말하고 행동할 거예요.

교과서 국어 4학년 2학기(가) 4단원 글자를 만들어요 – 박바우와 박 서방

박바우와 박 서방

박바우라고 하는 노인에게 고기를 사기 위해 두 사람이 찾아왔습니다. 한 사람은 "이봐, 박바우, 고기 좀 주게."라고 말하고, 다른 한 사람은 "이보게, 박 서방. 고기 좀 주시겠나?" 하고 말했습니다. 박바우 노인은 박바우라 부른 사람에게는 대충 자른 고기를, 박 서방이라고 부른 이에게는 좋은 부위의 고기를 큼지막하게 썰어 주었습니다. 박바우라 부른 자가 화를 내며 왜 고기가 다르냐고 묻자 노인이 답했습니다. "이쪽 고기는 박바우가 자른 것이고, 저쪽 고기는 박 서방이 자른 것이라 그렇습니다." 화낸 사람은 얼굴이 빨개져 아무 말도 못했죠.

여우와 두루미

두루미는 초대를 받고 여우의 집에 놀러 갔어요. 여우는 맛있는 수프를 끓여 두루미에게 대접했어요. 하지만 납작한 접시에 담겨 있는 수프는 길쭉한 부리를 가진 두루미가 제대로 먹을 수 없었죠. 두루미는 기분이 상한 채 집에 돌아왔어요. 며칠 뒤, 이번에는 두루미가 여우를 집에 데려왔어요. 가는 말이 고와야 오는 말이 곱다고, 두루미는 기다란 병에 음식을 담아 여우 앞에 두었어요. 여우가 병에 입을 대 봤지만, 주둥이가 두껍고 짧아서 음식을 먹을 수 없었어요. "음식이 입에 맞지 않니? 그럼 내가 네 몫까지 먹을게." 두루미는 약 올리듯이 여우 몫까지 맛있게 먹었답니다.

비슷한 표현

가는 정이 있어야 오는 정이 있다
자기가 상대방에게 말이나 행동을 좋게 해야 상대방도 나를 좋게 대한다.

 학과 두루미는 같은 동물이에요. 학(鶴)은 두루미의 한자 이름인 거죠. 두루미는 예로부터 지조 높은 선비를 상징하고, 장생불사를 나타내는 십장생으로 여겨졌습니다. 아름다운 자태와 상징성으로 여러 예술 작품과 문학 작품에도 소재로 자주 등장하였죠.

뒤로 넘어져도 코가 깨진다

이상하게도 잘 안 풀리는 날을 보낸 적이 있나요? 보통 뒤로 넘어지면 뒤통수가 다치는데, 코가 깨진다는 건 그만큼 운이 없다는 거겠죠. 일이 안 되려면 나쁜 일만 잇따라 생긴다는 뜻이에요.

교과서 국어 2학년 1학기(가) 5단원 낱말을 바르고 정확하게 써요 – 해와 달이 된 오누이

계란유골

황희는 영의정으로 지내면서도 검소한 생활을 했어요. 그런 황희에게 선물을 내리고 싶었던 임금은 하루 동안 남대문을 지나는 모든 물건을 황희에게 주라고 명령했죠. 그런데 평소엔 많은 물건이 오갔지만, 하필 그날은 비가 내려 아무도 남대문을 지나가지 않았어요. 저녁이 돼서야 겨우 계란 꾸러미를 든 상인이 남대문을 지났죠. 이것을 받은 황희가 계란을 삶아 먹으려고 보니, 계란이 다 곯아 있었습니다. 뒤로 넘어져도 코가 깨진다더니, 황희는 결국 계란 한 알도 먹지 못했다고 해요.

해와 달

오누이와 어머니는 산속 초가집에서 살고 있었습니다. 어머니는 아침에 떡을 팔러 나갔지만, 다 못 팔고 집에 돌아가고 있었어요. 그런데 뒤로 넘어져도 코가 깨진다고, 하필 호랑이가 나타나 어머니를 잡아먹었죠. 호랑이는 오누이의 집으로 향했습니다. 호랑이는 어머니 흉내를 내며 오누이에게 문을 열어 달라고 했어요. 하지만 오누이는 호랑이인 걸 알아차리곤 문을 열지 않았습니다. 호랑이가 문을 부수고 들어오자 오누이는 호랑이를 피해 나무 위로 올라갔어요. 호랑이가 오누이를 따라 나무를 올라오려고 하자, 오누이는 하늘에 동아줄을 내려 달라며 간절히 빌었죠. 그러자 정말로 동아줄이 내려왔어요. 호랑이를 피해 동아줄을 타고 하늘로 올라간 오누이는 해와 달이 되었다고 합니다.

비슷한 표현

도둑을 맞으려면 개도 안 짖는다
운수가 나쁘면 이런저런 일들이 모두 제대로 되지 않는다는 뜻이다.

 영의정은 조선 시대 행정부 최고 기관이었던 의정부의 으뜸 벼슬을 말해요. 오늘날의 국무총리 역할을 했던 것이죠. 흔히 영상(領相)이라 불렸으며, 대개 좌의정을 지낸 원로대신이 임명되었다고 합니다. 좌의정, 우의정과 함께 삼정승 또는 삼의정이라고 하였어요.

수박 겉 핥기

수박 겉을 핥는다고 해도, 두꺼운 껍질 속에 든 달콤한 과육의 맛을 알 길은 없겠지요. 이처럼 어떤 것에 관한 진짜 내용은 두고 겉만 파악하는 태도를 비유해요.

교과서 국어 1학년 2학기(나) 7단원 무엇이 중요할까요 – 소금을 만드는 맷돌

바닷물이 짠 이유

옛날에 한 임금이 신비한 맷돌을 가지고 있었어요. 곡식이든 옷이든 원하는 것이라면 뭐든지 나오게 만드는 맷돌이었죠. 이를 탐내던 도둑이 어느 날 밤에 몰래 맷돌을 훔쳤어요. 배를 타고 바다로 달아나던 도둑은 맷돌을 시험해 보기로 했어요. "소금아, 나와라." 그러자 맷돌에서 소금이 왕창 쏟아져 나오기 시작했어요. 금세 소금이 배에 가득 차 배가 가라앉기 직전이었죠. 수박 겉 핥기로 맷돌 사용법을 알던 도둑은 결국 맷돌을 멈추지 못했고 맷돌과 함께 바닷속에 잠겨 버렸어요. 바다에 빠진 맷돌이 여전히 돌아가며 소금을 만들어 내기 때문에 바닷물이 짜다고 합니다.

괄목상대

중국 오나라 왕 손권 곁에는 여몽이라는 장군이 있었습니다. 어렸을 적 가난했던 여몽은 제대로 교육을 받지 못해 학문이 부족했죠. 그래서 손권에게서 공부하라는 충고를 듣게 되었어요. 여몽은 수박 겉 핥기가 아니라, 책을 손에서 떼지 않을 정도로 열심히 공부했습니다. 그 후 재상 노숙이 여몽과 이야기를 나누다가 놀랐어요. 여몽이 몰라보게 박학다식했죠. 여몽은 놀란 노숙에게 말했습니다. "선비는 헤어진 지 사흘 지나 다시 만나면 눈을 비빌 정도로 달라져 있어야 하네."

웩, 물이 짜졌잖아!

비슷한 표현

주마간산(走馬看山)
달리는 말 위에서 산천을 구경한다. 사물의 겉만 훑고 속은 살펴보지 않는다는 뜻이다.

여름철 대표 과일은 역시 수박이죠. 속이 꽉 차고 꿀처럼 달콤한 수박을 고르는 방법이 있어요. 맛있는 수박은 줄무늬가 진하고 선명하며, 두드리면 통통 맑은 소리가 나죠. 또한 밑동이 작으며, 모양이 전체적으로 균일하다고 합니다.

하늘이 무너져도 솟아날 구멍이 있다

우리가 어려운 일을 겪게 되더라도, 반드시 해결할 방법은 어딘가에 있어요. '하늘이 무너져도 솟아날 구멍이 있다.'는 힘겨운 상황이라도 헤쳐 나갈 길이 있다는 걸 의미해요.

교과서 국어 6학년 1학기(나) 8단원 인물의 삶을 찾아서 – 제게 12척의 배가 있으니

삼년고개

어떤 마을에 넘어지면 삼 년밖에 살지 못한다고 하여 삼년고개라고 불리는 고개가 있었어요. 어느 날 마을 할아버지가 삼년고개에서 넘어졌어요. 할아버지는 상심하여 시름시름 앓았습니다. 삼 년이 얼마 안 남은 날, 한 청년이 할아버지를 찾아왔습니다. "무엇 때문에 앓고 계세요?" 할아버지는 청년에게 자신의 사연을 들려줬어요. 듣던 청년이 말했어요. "그러면 한 번 더 넘어지면 삼 년을 더 살고, 두 번 넘어지면 육 년을 더 사시겠네요?" 하늘이 무너져도 솟아날 구멍이 있었어요. 그 말을 들은 할아버지는 삼년고개에서 계속 넘어져 오래오래 살았습니다.

감기 걸린 여우

배고픈 사자는 움직일 힘이 없어서 사냥을 엄두도 못 내고 있었어요. 그러다 좋은 방법을 떠올렸죠. "옳거니! 동물들에게 입 냄새를 맡아 달라고 하면서, 다가오면 잡아먹어야겠군." 마침 사자 앞으로 한 여우가 지나가고 있었습니다. 사자는 여우에게 입에서 냄새가 나는지 확인해 달라고 부탁했죠. 하지만 영리한 여우는 사자의 속셈을 알아챘어요. 하늘이 무너져도 솟아날 구멍이 있다고, 여우는 한 가지 꾀를 내었습니다. 여우가 사자에게 말했어요. "제가 감기에 걸려서 냄새를 맡을 수 없답니다." 사자는 할 말을 잃고, 돌아가는 여우를 멀리서 지켜보기만 했답니다.

살았다, 살았어!

 비슷한 표현

사람이 죽으란 법은 없다
어려운 상황에 처하더라도 살아날 방법이 생긴다는 뜻이다.

 장수하는 사람을 흔히 거북이에 비유해요. 거북이는 다른 동물들에 비해 수명이 길어 아주 오래전부터 장수의 상징이었습니다. 평균 수명은 60년 정도이지만, 장수 거북이는 150년 넘게도 산다고 해요.

남의 손의 떡이 커 보인다

똑같은 메뉴를 시켰는데도 다른 사람의 음식이 더 맛있고 더 많아 보인 적이 있나요? 친구가 맡은 일이 내 일보다 더 쉬워 보인 적이 있나요? '남의 손의 떡은 커 보인다.'는 내 것보다 남의 것이 더 좋아 보이는 마음을 비유하지요.

교과서 국어 3학년 1학기(나) 8단원 의견이 있어요 – 오성과 한음

공작새의 불평

공작새는 아름다운 목소리로 봄을 알리는 꾀꼬리를 부러워했어요. 그래서 공작새는 헤라 여신을 찾아가 자신의 목소리에 대한 불만을 늘어놓으면서 자신도 고운 목소리를 가지고 싶다고 말했죠. 그러자 헤라는 화를 내며 말했어요. "네겐 보석보다 아름다운 깃털이 있지 않으냐. 너는 다른 짐승의 재주를 질투하면서 정작 자신이 뭘 가졌는지는 생각하지 않는구나!" 그 말에 공작새는 꾀꼬리를 질투한 자신을 부끄러워하며 다신 불평하지 않았답니다.

욕심 때문에 잃은 명당

어느 마을에 지독한 부자가 살고 있었는데, 그는 아버지의 묘자리를 찾다가 우연히 마을의 절터가 명당이라는 소리를 들었습니다. 그래서 부자는 스님들을 쫓아내고 그곳에 아버지의 묘를 만들었죠. 절을 빼앗긴 스님의 스승은 이 소식을 듣고 부자를 혼내 주러 찾아갔습니다. 처음에 부자는 스승의 허름한 차림을 보고 문전박대를 하다가 더 부자가 되는 방법을 알려 주러 왔다고 하자 더 부자가 되고 싶은 욕심에 집 안으로 초대했어요. 스승이 말했어요. "물이 들어오는 마을 들판에 둑을 쌓으세요." 부자는 그의 말대로 둑을 쌓았어요. 그러자 둑 안으로 물이 고이더니 금세 요동쳐 부자의 집을 덮쳤어요. 그렇게 부자는 탐욕을 부리다가 집과 재산을 한순간에 잃고 말았답니다.

나에게도 저런 아름다운 목소리가 있었으면…

 반대 표현

남의 돈 천 냥이 내 돈 한 푼만 못하다
아무리 보잘것없는 것이라도 내가 가진 것이 남의 것보다 낫다.

 우리나라는 예로부터 풍수지리를 고려하면서 집터나 묫자리, 궐터 등을 신중하게 선택했습니다. 우리나라의 전통 취락들은 배산임수라고 산을 등지고 물을 마주 보는 위치에 주로 정착했지요.

자라 보고 놀란 가슴 솥뚜껑 보고 놀란다

사람의 기억은 쉽게 사라지지 않아서 어떤 것에 크게 당한 적이 있으면 비슷한 것만 보고도 지레 겁을 먹게 마련이지요. 자라에게 손가락을 물려 본 사람이 비슷하게 생긴 솥뚜껑을 보면 놀라고, 뱀에게 물려 본 사람이 기다란 줄만 봐도 놀라서 도망가는 것처럼 말이에요.

교과서 국어 6학년 2학기(가) 1단원 작품 속 인물과 나 - 마지막 숨바꼭질

화살에 맞은 새

조나라와 초나라를 비롯한 여러 나라는 진나라에 대항할 동맹군을 만들기로 했어요. 지휘할 장군으로 초나라의 임무군이 정해지자 조나라의 위가는 이를 탐탁지 않게 여겼습니다. 그래서 위가는 한 이야기를 들려줬지요. "어떤 궁수가 화살 없이 활시위만 당겼는데 하늘을 날던 기러기가 추락했습니다. 그가 이유를 말하길 땅에 떨어진 기러기는 예전에 자신의 화살에 맞아 상처를 입었고, 그 기억 때문에 활시위 당기는 소리만 들어도 놀라서 기절한 것이라고 했지요." 자라 보고 놀란 가슴 솥뚜껑 보고 놀란다고, 진나라에 패배했던 임무군이 장군으로서 마땅하지 않다는 걸 궁수와 기러기를 통해 비유했던 것입니다.

밤송이 형님

배고픈 호랑이 앞에 고슴도치가 보였습니다. "맛있겠군!" 호랑이는 고슴도치를 덥석 입에 물었죠. 놀란 고슴도치는 바짝 가시를 곤추세웠고, 가시에 찔린 호랑이는 얼른 고슴도치를 뱉고 도망갔어요. 도망 친 호랑이는 밤나무 아래서 숨을 고르고 있었습니다. 그때 가시 돋친 밤송이가 호랑이 콧등에 떨어졌어요. 자라 보고 놀란 가슴 솥뚜껑 보고 놀란다고, 호랑이는 밤송이를 고슴도치로 착각하여 넙죽 엎드렸습니다. "아이고, 형님 제발 살려 주십시오!" 다른 동물들은 밤송이를 향해 절하는 호랑이를 보고 배꼽 빠지게 웃었답니다.

예전에 화살에 맞아 상처 입은 새는 빈 활시위를 당기는 소리에도 놀라 추락했지요.

비슷한 표현

상궁지조(傷弓之鳥)
화살에 맞아 상처를 입었던 새라는 뜻으로, 예전 경험 때문에 비슷한 일에도 몹시 겁낸다는 의미다.

 활시위는 활 양쪽 끝에 건 팽팽한 줄을 말하죠. 화살은 활시위를 당겼다 놓을 때 생기는 반동을 이용해서 멀리 나아가는, 가늘고 긴 살대를 말합니다. 활시위와 화살은 서로가 필수적이기에 하나라도 없으면 아무 소용이 없답니다.

두부 먹다 이 빠진다

우리가 부드러운 두부를 먹으면서 이 빠질 걱정은 하지 않습니다. 하지만 '설마 그런 일이 생기겠어?'라고 마음을 놓으면 실수가 생길지도 모르니 매사에 신중하고 조심해야 해요.

교과서 국어 3학년 1학기(나) 6단원 일이 일어난 까닭 - 토끼와 거북이

돌떡 먹은 호랑이

배고픈 호랑이가 토끼를 붙잡았어요. 그때 토끼가 말했습니다. "제가 맛있는 떡을 가지고 있는데, 떡을 먹고 난 뒤에 절 잡아먹는 게 어떨까요?" 호랑이는 맛있는 떡도 먹고 싶어서 고개를 끄덕였죠. 토끼는 불 위에 떡을 올려놓고, 찍어 먹을 꿀을 구하러 간다며 도망쳤어요. 잠시 뒤 떡 하나를 집어 먹으려던 호랑이는 "앗, 뜨거워!" 소리쳤어요. 토끼가 떡인 척 구운 건 사실 돌멩이였던 거죠. 다 잡은 토끼를 놓치고 입천장까지 데고 말았으니, 정말 두부 먹다 이 빠진 꼴이었지요.

을지문덕 살수대첩

수나라의 우중문이 이끄는 별동대가 고구려 장안성(평양성)을 함락시키려 침입했을 때였어요. 그때 우중문의 별동대는 극심한 식량난을 겪고 있었는데, 이를 을지문덕이 알게 되었죠. 을지문덕은 일부러 별동대의 힘을 빼서 강을 넘어 장안성 근처로 오게 했어요. 그리고 거짓으로 항복하며 별동대를 물러나게 만들었죠. 별동대가 퇴각하려 강을 건널 때, 막아두었던 강 상류의 둑을 무너뜨렸어요. 쏟아져 나온 강물에 30만 수나라 군사들은 대부분 목숨을 잃었습니다. 고구려 군대를 얕보던 수나라 군대는 그야말로 두부 먹다 이 빠진 격이었어요. 이 전투는 크게 승리했다고 하여 살수대첩이라고 불린답니다.

떡이 너무 뜨겁잖아!

 비슷한 표현

홍시 먹다가 이 빠진다
전혀 그렇게 될 일이 아닌데도 일이 되지 않거나 꼬일 때 쓰는 말이다.

 우중문이 별동대를 이끌고 장안성 근처에 들어왔을 때 을지문덕이 그에게 시를 보냈어요. '그대의 신기한 전략은 하늘의 이치를 알았고 기묘한 계책은 땅의 이치마저 통달했네. 싸움에 이겨 공이 높았으니 만족한 줄 알았거든 이제 그만 멈춤이 어떠하냐.' 우중문을 칭찬하는 것 같지만, 사실은 별동대가 함정에 걸려들었다는 걸 알려주는 시였죠.

속담 퀴즈

비슷한 표현을 찾아 선으로 이어 주세요.

고생 끝에 낙이 온다 ●　　　　　● 낙숫물이 댓돌 뚫는다

호랑이에게 잡혀가도
정신만 차리면 산다 ●　　　　　● 임기응변

우공이산 ●　　　　　● 고진감래

빈칸에 알맞은 단어를 넣어 주세요.

① 아이 보는 데는 ☐☐ 도 못 먹는다

② 달걀로 ☐☐ 치기

③ 어물전 망신은 ☐☐☐ 가 시킨다

답 : 고생 끝에 낙이 온다 — 고진감래, 호랑이에게 잡혀가도 정신만 차리면 산다 — 임기응변, 우공이산 — 낙숫물이 댓돌 뚫는다 / 극도 ① 찬물, ② 바위, ③ 꼴뚜기

속담 따라 쓰기

이번 장에 나왔던 주요 속담을 떠올려 한 글자씩 따라 써 보며 의미를 되새겨 봅시다.

엎드려 절 받기

가는 날이 장날

하룻강아지 범 무서운 줄 모른다

미꾸라지 한 마리가 온 웅덩이를 흐려 놓는다

하늘이 무너져도 솟아날 구멍이 있다

2장

구슬이 서 말이라도 꿰어야 보배

이 말에서 나온 '말'은 그릇처럼 생긴 곡식의 양을 재던 도구를 말해요. 구슬이 많아 봐야 실에 꿰지 않으면 쓸모없다는 거죠. 이렇게 아무리 좋은 것이라도 쓰기 좋게 다듬어 놓지 않으면 소용없다는 의미입니다.

말이 씨가 된다

'말이 씨가 된다.'라는 건 무심코 한 말이 정말로 일어날 수 있으니 말을 조심하라는 뜻이에요. 그러니 하던 일이 설령 잘 안 풀리더라도 '잘 될 거야.' '난 해낼 수 있어.'라고 스스로 응원 한 번 해 주는 게 어떨까요?

교과서 국어 4학년 2학기(가) 4단원 이야기 속 세상 – 바보 온달과 평강 공주

앞날을 내다보는 거울

당나라 상인 왕창근은 후고구려의 철원성으로 와서 장사를 하다가 어느 노인이 파는 거울을 예사롭지 않다고 생각하여 샀습니다. 하지만 거울을 이리저리 들여다봐도 특별한 점은 없었죠. 그런데 거울에 햇빛이 닿자 글씨들이 보이기 시작했어요. 글 잘하는 선비들에게 물어보니 그 글의 뜻은 왕건이 궁예를 몰아내고 삼국을 통일한다는 내용이었습니다. 말이 씨가 된다고, 훗날 궁예를 몰아낸 왕건은 삼국을 통일한 고려의 첫 번째 왕이 되었지요.

말에서 떨어진 형제

성종의 왕비 윤 씨는 손톱으로 왕의 얼굴에 상처를 낸 일로 폐비가 되어 쫓겨났어요. 중신들은 왕비에게 사약을 내려야 한다고 주장했지만, 왕은 어린 세자를 생각해 그러고 싶지 않았습니다. 결국 왕은 모든 중신들을 불러 이 일을 상의하기로 했습니다. 재상인 허종과 허침이 궁에 가려 채비를 하자 누이동생은 가지 말라고 말렸습니다. "세자가 훗날 이 일을 알게 되시면 큰 화를 입을 수 있습니다." 그래서 허종과 허침은 일부러 말에서 떨어져 다친 것을 핑계로 궁궐에 가지 않았고, 그날 회의에선 윤 씨에게 사약을 내리기로 결정되었어요. 말이 씨가 되었을까요? 시간이 흘러 세자가 왕위에 오르자 어머니 윤 씨를 내쫓고 사약을 내리자고 한 중신들에게 큰 벌을 내렸습니다.

비슷한 표현

설마가 사람 잡는다
그럴 리 없다고 마음 놓는 데에서 탈이 난다는 뜻이다.

 거울은 빛의 반사를 이용해서 물체를 비춰 볼 수 있게 만든 도구입니다. 거울은 여러 종류가 있어요. 평면거울을 많이 쓰지만, 거울 면이 볼록하게 튀어나온 볼록 거울과 가운데가 오목하게 들어가 있는 오목 거울도 있어요.

열 손가락 깨물어 안 아픈 손가락 없다

부모님에겐 자식들이 천금보다도 귀한 존재이죠. '열 손가락 깨물어 안 아픈 손가락이 없다.'는 자식이 여럿 있어도 부모님은 하나도 빠짐없이 모두 사랑하고 소중히 여긴다는 의미예요.

교과서 국어 2학년 2학기(나) 10단원 칭찬하는 말을 주고받아요 – 막내 기러기의 첫 여행

엄마의 사랑

지호는 엄마가 자길 미워한다고 생각했어요. 형은 수영도 잘하고 공부도 잘하는데, 지호는 사고뭉치라 맨날 엄마에게 혼이 났거든요. 형의 수영 경기가 있던 날이었습니다. 학교가 끝나고 비가 내리기 시작했죠. 우산을 집에 두고 온 지호는 학교에서 비가 그치길 기다리고 있는데, 교문으로 엄마가 나타나 지호에게 우산을 씌워 주었어요. 지호가 말했어요. "형 수영 경기 보러 간 거 아니었어?" "비 오는데 우산 두고 간 네가 걱정돼서 못 갔어." 열 손가락 깨물어 안 아픈 손가락 없다고, 엄마는 지호를 형 못지않게 사랑하고 있었죠. 지호는 그제야 엄마의 사랑을 깨닫고 펑펑 울었답니다.

엄마 까투리

산에 불이 났어요. 동물들은 허둥지둥 불을 피해 달아나고 있었습니다. 엄마 까투리와 아홉 새끼도 도망치고 있었죠. 하지만 바람이 거세져 불길이 점점 가까워지고 있었습니다. 따가운 불씨에 엄마 까투리가 날아오르다가 날지 못하는 새끼들이 생각나 다시 땅으로 내려오기를 여러 번 했어요. 더는 불길을 피할 수 없게 되자, 엄마 까투리는 새끼들을 모았습니다. 열 손가락 깨물어 안 아픈 손가락이 없다고, 한 마리의 새끼도 빠짐없이 품에 꽁꽁 껴안았어요. 불은 엄마 까투리를 까맣게 태웠지만, 새끼들은 엄마 품 안에 있어서 털끝 하나 다치지 않고 살아남을 수 있었어요.

 비슷한 표현

제 자식 가려 보는 부모 없다
부모는 자식을 차별하지 않고 사랑한다는 의미이다.

 꿩은 우리말로 수컷이면 '장끼', 암컷이면 '까투리', 아직 덜 자란 새끼는 '꺼병이'라고 불러요. 같은 동물이라도 다르게 부르는 경우를 더 찾아볼까요? 새끼 고등어는 '고도리', 새끼 가오리는 '간자미', 새끼 말은 '망아지'라고 부른답니다.

지성이면 감천

'지성이면 감천'은 정성이 지극하면 하늘마저 감동하여 도와준다는 뜻으로, 아무리 어려운 일도 정성을 쏟는다면 순조롭게 해결되어 좋은 결과를 맺는다는 의미이지요.

교과서 국어 4학년 1학기(나) 9단원 자랑스러운 한글 – 훈민정음의 탄생

함흥차사

왕위를 두고 다투는 자식들의 모습에 분노한 태조는 함흥으로 떠나 버렸어요. 이윽고 즉위한 태종은 아버지 태조를 데려오기 위해 여러 노력을 했으나 소용없었죠. 그때 박순이 직접 나섰어요. 그는 망아지와 어미 말을 끌고 함흥에 도착했습니다. 그리고 망아지는 강가에 매어 두고 어미 말만 태조의 거처에 끌고 왔죠. 망아지가 우는 소리를 들은 어미 말이 울부짖었습니다. 태조가 말이 우는 이유를 박순에게 묻자, 그는 "어미 말과 새끼가 서로 떨어져 있는 게 싫은 모양입니다. 짐승도 부모와 떨어지면 저리 슬퍼하는데 하물며 한양에 계신 전하께서는 오죽하시겠습니까?"라고 말했어요. 지성이면 감천이라고, 태조는 그동안의 노여움을 풀고 다시 한양으로 돌아갔습니다.

홀트 부부의 사랑

홀트 부부는 한국 전쟁으로 인해 생긴 고아들에 대한 영화를 본 후, 그들을 돕고 싶다는 마음이 굴뚝같았어요. 하지만 부부는 넉넉한 형편이 아니었기에 쉽사리 입양을 결정하지 못했습니다. 얼마 후 부부는 굳은 결심으로 한국에서 여덟 명의 고아를 데리고 귀국했습니다. 지성이면 감천이라더니, 부부의 사연은 신문에 소개되어 사람들의 마음을 움직였고, 그들을 돕고 싶다는 사람들의 연락에 일만 육천 명의 고아가 따뜻한 가정으로 들어갈 수 있었답니다.

비슷한 표현

공든 탑이 무너지랴
공들여 쌓은 탑처럼 정성을 다해 한 일은 절대 결과가 헛되지 않다는 의미이다.

 홀트 부부는 전쟁고아 여덟 명을 입양해 기른 것을 계기로 1962년 경기도 고양시에 완다학교라는 이름의 특수 학교를 세웠으며, 이는 1982년에 홀트학교로 교명이 바뀌었습니다.

될성부른 나무는 떡잎부터 다르다

어린 나이에도 반짝이는 재능을 보이는 친구들이 있죠. '될성부른 나무는 떡잎부터 다르다.'는 장래에 크게 될 사람은 어릴 적에도 비범하다는 뜻이에요.

교과서 국어 4학년 2학기(나) 6단원 본받고 싶은 인물을 찾아봐요 – 정약용

정약용의 책 사랑

어릴 적부터 정약용의 책 사랑은 남달랐다고 해요. 하루는 외가에서 책을 잔뜩 빌려 황소 등에 싣고 가는데, 그 모습을 조선의 대학자 이서구가 발견했어요. 3일 뒤에도 같은 모습을 보았죠. 이서구는 며칠 만에 그 많은 책을 다 읽을 수 없다고 생각해 정약용에게 책을 왜 싣고 다니냐고 물었어요. 그러자 정약용은 책을 다 읽어 돌려주러 가는 길이라고 대답했어요. "믿기 어려우시다면 제가 읽은 책에 관해 물어보셔도 좋습니다." 이내 이서구가 책의 내용을 물어 보니 정약용은 막힘없이 대답했어요. 될성부른 나무는 떡잎부터 알아본다더니, 이서구는 어린 정약용에게 감탄했다고 해요.

가우스의 방법

가우스가 어릴 적에 선생님이 문제를 하나 냈어요. 바로 1부터 100까지 더해 보라는 것이었죠. 문제를 낸 지 얼마 되지도 않아 가우스가 손을 번쩍 들었습니다. "정답은 5,050입니다!" 선생님은 놀라며 어떻게 그렇게 빨리 계산했냐고 물었습니다. 다른 친구들은 아직 숫자를 더하고 있었거든요. 가우스는 1부터 100까지 숫자를 나열해 앞과 끝의 숫자를 묶고, 101을 50개 만들어 계산했다고 말했습니다. 될성부른 나무는 떡잎부터 다르다고, 어릴 적부터 수학적 재능이 뛰어났던 가우스는 위대한 수학자로 이름을 남겼습니다.

비슷한 표현

용 될 고기는 모이 철부터 안다
장차 커서 잘될 사람은 어릴 때부터 남다른 장래성을 보인다는 의미이다.

 가우스는 독일의 수학자예요. 2,000년 동안 아무도 풀지 못한 정17각형 작도법을 풀어내고, 최소 제곱법으로 사라진 소행성 세레스의 궤도를 계산하기도 했어요.

같은 값이면 다홍치마

같은 가격인 두 개의 과자가 있을 때 하나를 골라야 한다면, 당연히 더 맛있고 양이 많은 것을 고를 거예요. 같은 값이라면 더 좋고, 이득이 많은 쪽을 고른다는 말입니다.

교과서 국어 6학년 2학기(가) 3단원 타당한 근거로 글을 써요 – 공정 무역 제품을 사용합시다

치마 위에 그린 그림

한 여인이 비단 치마를 들고 신사임당을 찾아왔어요. "다른 사람에게 빌린 비단 치마 위에 실수로 음식을 쏟아 얼룩을 만들었어요. 새로 사 줄 형편은 안 되는데, 이를 어쩌면 좋죠?" 치마의 얼룩이 전혀 지워지지 않을 것 같아 보이자, 신사임당은 붓과 물감을 가져왔습니다. 그리고 치마 위에 탐스러운 포도송이 그림을 그렸어요. "이 비단 치마를 시장에 내다 팔아 돈을 구하면 새 비단 치마를 살 수 있을 거예요." 같은 값이면 다홍치마라고, 시장 사람들은 다들 아름다운 신사임당의 그림이 그려진 치마를 사고 싶어 했습니다. 덕분에 여인은 새 비단 치마를 사서 주인에게 무사히 돌려줄 수 있었죠.

황금 짐과 양털 짐

두 농부가 양털을 짊어지고 집으로 가던 중, 길가에 떨어진 옷감을 발견했어요. 같은 값이면 다홍치마라고, 이왕 짐을 가져갈 거면 더 좋은 걸 가져가자고 생각한 한 농부가 옷감을 집어 들었어요. 두 농부는 걸으면서 옷과 식기, 황금을 차례로 발견했습니다. 옷감을 집어 든 농부는 차례차례 짐을 바꾼 반면에, 다른 농부는 고집을 부리며 줄곧 양털만 짊어졌어요. 하지만 그마저도 갑자기 쏟아진 비에 젖어 버릴 수밖에 없었습니다. 결국 한 농부는 황금을 가지고, 다른 농부는 빈손으로 집에 돌아왔답니다.

비슷한 표현

같은 값이면 검정 송아지 잡아먹는다
같은 값이나 노력을 들여야 한다면 더 좋은 걸 택한다는 말이다.

 신사임당은 조선 시대 예술인이었어요. 그림과 글에 대한 재능이 뛰어났으며, 〈자리도〉, 〈산수도〉, 〈초충도〉 등의 작품을 남겼지요. 신사임당은 우리에게는 율곡 이이의 어머니이자 오만 원권 지폐에 그려진 인물로 잘 알려져 있습니다.

숭어가 뛰니까 망둑어도 뛴다

어떤 사람이 얼마나 노력했는지 모르면서 성공한 겉모습만 흉내 낸다고 따라잡을 수 있을까요? 무작정 잘난 사람을 따라 하기보다 자신에 대하여 깊이 고민하고 성장하는 자세가 중요하답니다.

교과서 국어 4학년 1학기(가) 5단원 내가 만든 이야기 – 까마귀와 감나무

무와 바꾼 송아지

어느 마을의 한 농부가 밭에서 커다란 무를 수확하자 기쁜 마음으로 고을 원님에게 선물로 드렸어요. 원님은 귀한 걸 받았다고 무를 소중히 받아들며 농부에게 관아에 있던 송아지를 내어 주었지요. 이 소식을 이웃집 농부가 듣게 되었습니다. 숭어가 뛰니까 망둑어도 뛴다고, 이웃집 농부는 자기가 송아지를 관아에 바치면 더 좋은 것을 얻을 수 있을 것이라고 기대하며 원님께 하나뿐인 황소를 선물했어요. 그러자 원님은 "오, 고맙네. 마침 그대에게 줄 귀한 물건이 있네!"라고 하며 커다란 무를 그에게 주었습니다. 졸지에 황소를 잃고 무를 얻은 이웃집 농부는 땅을 치며 후회했답니다.

황소를 따라 한 개구리

황소를 처음 본 새끼 개구리는 집으로 가 엄마에게 얘기했어요. "엄마, 아까 아주 큰 동물을 보았는데 아주 멋졌어요!" 엄마 개구리는 배를 부풀리면서 물었어요. "이렇게 커다랬니?" 새끼 개구리는 그것보다 훨씬 컸다면서 고개를 저었어요. 엄마 개구리는 다시 몸을 부풀렸습니다. 새끼 개구리는 말했어요. "아직도 한참 모자라요. 그것보다도 더 컸어요!" 숭어가 뛰니까 망둑어도 뛴다고, 자존심이 상한 엄마 개구리는 계속해서 몸을 부풀렸다가 '펑!' 배가 터지고 말았습니다.

비슷한 표현

한단지보(邯鄲之步)
조나라 수도 한단의 걸음걸이라는 의미로, 무턱대고 남을 따라 하면 손해를 본다는 뜻이다.

 숭어는 몸길이가 최대 120센티미터로 자라나며, 도약력이 뛰어나서 수면 위로 1.5미터까지 뛰어오를 수 있습니다. 반면에 망둑엇과의 물고기들은 보통 몸길이가 10~20센티미터밖에 되지 않아 숭어만큼 높이 뛰어오를 수 없지요.

궁지에 빠진 쥐가 고양이를 문다

막다른 지경에 몰리게 되면 아무리 힘이 없는 자라도 용기를 내어 평소에 할 수 없었던 일을 해내기도 합니다. '궁지에 빠진 쥐가 고양이를 문다.'는 곤란한 처지에 빠지면 누구라도 온 힘을 다해 대항한다는 의미이지요.

교과서 사회 5학년 2학기 2단원 사회의 새로운 변화와 오늘날의 우리 - 윤봉길

헨젤과 그레텔

계모에게 버려진 헨젤과 그레텔은 밤새 허기진 채로 숲속을 헤매다가 과자 집을 발견했습니다. 그곳의 늙은 마녀는 아이들에게 친절하게 대해 줬어요. 하지만 다음 날 돌변한 마녀는 헨젤을 잡아먹기 위해 우리 안에 가두었고, 그레텔은 하녀처럼 부려 먹었어요. 궁지에 빠진 쥐가 고양이를 문다고, 그레텔은 꾀를 써 마녀를 해치우고선 헨젤과 함께 집으로 돌아갔어요. 계모는 이미 오래전에 죽어 있었고, 아버지는 아이들이 집에 돌아오자 기뻐서 눈물을 흘렸죠. 다시 만나게 된 그들은 오래오래 행복을 누리며 살았답니다.

가장 용감한 문어

바닷속 문어가 어느 어부가 던진 그물에 걸려버리고 말았습니다. 문어는 필사적으로 그물을 벗어나려고 했지만, 어부가 그물을 끌어 올렸죠. "월척이군! 오늘은 문어를 삶아 먹어야겠어." 문어를 잡아챈 어부가 팔팔 끓는 냄비에 문어를 집어넣으려고 했습니다. 궁지에 빠진 쥐가 고양이를 문다고, 문어는 어부 눈에 먹물을 뿜었습니다. "앗! 내 눈이야!" 그 바람에 어부 손에서 빠져나온 문어는 비틀대는 어부의 발목을 붙잡고 넘어뜨렸죠. 무사히 바다로 돌아온 문어는 바닷속 친구들에게 이 이야기를 해 주었고, 친구들을 그를 '가장 용감한 문어'라고 불러 줬답니다.

 비슷한 표현

참새도 죽을 때는 짹 한다
아무리 약한 것이라도 너무 괴롭히면 반항한다는 뜻이다.

 과자 집처럼, 사람 모양으로 귀엽게 만든 진저맨 쿠키가 있어요. 서양에서는 겨울철이 되면 감기를 예방하고자 생강을 넣은 빵이나 쿠키를 먹는데, 크리스마스에는 특별한 모양으로 만들어 장식으로도 사용했다고 해요.

방귀 뀐 놈이 성낸다

자기가 잘못하고선 도리어 남에게 소리치며 씩씩 화내는 친구를 보고 황당한 적이 있었나요? '방귀 뀐 놈이 성낸다.'는 잘못한 사람이 되레 성내는 걸 의미합니다.

교과서 국어 4학년 1학기(가) 1단원 생각과 느낌을 나누어요 – 의심

눈병 난 노파

한 노파가 눈병이 나서 의사를 불러왔어요. 의사는 매일 찾아와 눈에 약을 발라 주고는, 노파가 눈을 감고 있는 동안 살림을 하나씩 훔쳐 갔어요. 그리고 웬만한 물건을 모두 훔쳐 간 후에야 노파의 눈병을 낫게 해 줬죠. 눈병이 나았지만 노파는 약속한 보수를 의사에게 주지 않았어요. 의사는 화를 내며 노파와 함께 재판관을 찾아갔습니다. 그야말로 방귀 뀐 놈이 성내는 격이었죠. 노파는 재판관에게 말했어요. "눈병 나기 전에는 보이던 집안 물건들이 지금은 보이지 않으니 아직 병이 낫지 않은 것이죠." 판결 후 노파는 모든 물건을 돌려받았답니다.

도자기 깬 나그네

도자기를 든 나그네가 농부들이 일하고 있는 논을 지나가게 되었습니다. 인심 좋은 농부들은 나그네를 불러 새참을 나눠 주었죠. 한 농부가 도자기에 관해 묻자, 나그네는 옆 마을 사또에게 전해 줄 것이라고 설명했어요. 그런데 사실 그 도자기는 훔친 것이었습니다. 나그네는 논두렁 구석에서 똥을 누웠어요. 그리고 농부들이 일을 재개하자 일부러 제 똥을 밟아 넘어져 도자기를 깨뜨렸죠. 나그네가 소리쳤습니다. "당신네 논에 있는 똥을 밟고 미끄러져 도자기를 깨뜨렸으니 당장 물어내시오!" 완전히 방귀 뀐 놈이 성내는 격이었지만, 결국 마음씨 좋은 논 주인은 도자기의 값을 물어 주었습니다.

비슷한 표현

적반하장(賊反荷杖)
도둑이 도리어 몽둥이를 든다는 뜻으로, 잘못한 사람이 오히려 남을 나무라는 경우를 말한다.

 방귀는 우리가 음식물을 섭취할 때 함께 들어간 공기가 장 내용물이 발효되면서 생긴 가스와 혼합되어 생겨요. 방귀 소리는 항문 조임근에 의한 진동 때문이며, 건강한 성인은 하루에 보통 14~25회 정도 방귀를 뀐다고 합니다.

세 살 적 버릇 여든까지 간다

어릴 적 몸에 밴 습관을 시간이 흘러 노인이 되어서도 갖고 있다는 뜻입니다. 사소한 버릇 하나라도 고치기는 참 어려운 일이에요. 그러니 나쁜 버릇이 들지 않도록 조심해야 해요.

교과서 국어 3학년 1학기(나) 8단원 의견이 있어요 – 좋은 습관을 기르자

버릇없는 아이

옛날에 한 노부부와 아이가 살았어요. 하루는 아이가 장난으로 아버지의 뺨을 때렸어요. 부부는 그걸 재롱으로 알고, 아이를 혼내지 않았죠. 세 살 적 버릇 여든까지 간다더니, 아이는 커서도 여전히 아버지의 뺨을 때렸습니다. 그 얘기를 들은 원님이 찾아와 아이에게 이웃 마을의 효자를 찾아가 본받으라고 했어요. 효자는 아침에 일어나 아버지 옷을 입었어요. 차가운 옷을 데워 두려고 한 거죠. 그 모습을 본 아이는 그 이유를 깨닫지 못하고, 집으로 돌아와 아버지의 옷을 떡하니 입고 있기만 했어요. 이를 본 아버지는 눈물 쏙 빠지도록 아이를 혼냈답니다.

사탕 끊은 간디

어느 날, 한 어머니가 간디를 찾아와 부탁했어요. "아이가 사탕을 많이 먹으니, 선생님께서 사탕을 먹지 말라고 말씀해 주세요." 세 살 적 버릇 여든까지 간다고 하니, 어머니는 아이의 버릇을 고쳐 주고 싶었던 거죠. 간디는 보름 후에 다시 찾아오라고 했어요. 보름 뒤, 어머니가 아이를 데리고 왔습니다. 간디는 부탁대로 아이에게 사탕을 먹지 말라고 했어요. 어머니가 나중에 다시 오라고 한 이유를 묻자, 간디가 답했어요. "실은 저도 사탕을 좋아합니다. 근데 아이에게 사탕을 먹지 말라고 말하려면 저부터 실천해야 했죠. 그래서 보름 동안 사탕을 먹지 않았습니다."

 비슷한 표현

제 버릇 개 못 준다
한번 들인 나쁜 버릇은 고치기 어렵다는 뜻이다.

 영국에서 변호사였던 간디가 업무차 간 남아프리카에서 열차 일등석에 탔는데, 인도인은 일등석에 탈 수 없다고 쫓겨났습니다. 이를 계기로 간디는 고국으로 돌아와서 인도의 독립을 위해 힘을 썼답니다.

개똥도 약에 쓰려면 없다

자주 쓰던 흔한 물건인데도 막상 쓰려고 보면 찾을 수 없었던 경험을 다들 한 번씩은 갖고 있을 거예요. '개똥도 약에 쓰려면 없다.'는 바로 그런 순간에 쓸 수 있는 말이랍니다.

교과서 국어 2학년 2학기(나) 7단원 일이 일어난 차례를 살펴요 – 종이 봉지 공주

지우개 발명

영국의 화학자 조지프 프리스틀리는 여느 때처럼 연구에 몰두하다가 글씨를 지우려고 빵을 찾았어요. 옛날에는 연필 자국을 지우기 위해 빵을 사용했거든요. 그런데 개똥도 약에 쓰려면 없다고, 책상 위에는 늘 놓여 있던 빵 조각이 하나도 없었어요. 조지프는 빵 대신 근처에 있던 고무공으로 글씨를 문질러 봤어요. 그랬더니 놀랍게도 글씨가 깨끗하게 지워졌습니다. 새로운 발견을 한 조지프는 이 일을 계기로 생고무 지우개를 발명하였고, 이후 찰스 굿이어라는 미국의 발명가가 생고무 지우개의 단점을 보완한 고무 지우개를 개발했습니다.

종이 봉지 공주

공주는 결혼을 약속한 왕자와 함께 성에서 지내고 있었어요. 그런데 어느 날 갑자기 용이 나타나서 성을 부수고 불태우더니, 왕자를 납치해 갔습니다. 개똥도 약에 쓰려면 없다고, 마땅한 천 조각 하나 없어서 공주는 종이 봉지를 뒤집어쓰고선 왕자를 찾아 나섰죠. 공주는 용감하게 용을 무찌르고 왕자를 구출해 냈습니다. 그런데 이상하게도 왕자는 불같이 화를 냈어요. "그 허름한 종이 봉지는 뭐요! 어서 드레스로 갈아입고 오시오!" 공주는 예쁜 드레스로 갈아입으라고 면박하는 왕자에게 실망했습니다. "겉만 번지르르한 껍데기만 보시는군요!" 공주는 미련 없이 왕자를 떠나 버렸답니다.

비슷한 표현

까마귀 똥도 약에 쓰려면 오백 냥이라
흔한 것도 막상 구하려고 하면 귀해져서 비싼 값을 치러야 한다는 뜻이다.

 연필로 글씨를 쓰면 흑연의 작은 입자들이 종이 섬유에 엉겨 붙어요. 지우개의 분자 구조는 종이보다 흑연의 입자를 강하게 잡아당겨서 지우개로 연필 자국을 문지르면 흑연 입자가 지우개에 달라붙고, 지우개 가루가 떨어지게 되는 거죠.

자루 속의 송곳

주머니에 송곳을 넣으면 뾰족한 송곳의 끝이 주머니를 뚫고 나올 거예요. 빼어난 재능을 가진 사람들은 저절로 드러난다는 것을 '자루 속의 송곳'으로 비유하지요.

교과서 사회 5학년 2학기 1단원 옛사람들의 삶과 문화 - 세종 대에 이루어 낸 발전에는 무엇이 있는지 알아봅시다

낭중지추

조나라 혜문왕은 진나라의 공격을 받자, 도움을 청하기 위해서 동생 평원군을 초나라에 보내기로 했어요. 평원군은 함께 갈 수행원을 고민하고 있었죠. 그때 모수라는 자가 찾아와서 자기를 데려가 달라며 청했습니다. 평원군은 재능이 뛰어난 자는 자루 속의 송곳처럼 드러나기 마련인데, 모수란 이름은 들어 본 적도 없다며 거절했습니다. 그러자 모수가 말했습니다. "이번에 주머니 속에 넣어 주신다면 송곳 끝뿐만 아니라 자루까지 보이겠습니다!" 그렇게 평원군과 함께 초나라에 간 모수는 크게 활약하여 그 능력을 인정받았다고 해요.

모차르트

마치 자루 속의 송곳처럼 드러난 모차르트의 음악 재능은 어린 시절부터 유명했어요. 세 살 때 피아노 치는 누나를 보고 스스로 연주하는 방법을 터득했고, 네 살에는 작곡까지 했죠. 모차르트가 아버지와 함께 이탈리아를 여행하던 중이었습니다. 모차르트는 성당에서 들은 아름다운 음악에 반했어요. 하지만 그 곡은 밖으로 가지고 나가면 안 되는 곡이었죠. 그래서 모차르트는 15분이나 연주되는 곡을 한 번만 듣고도 악보에 완벽히 옮겨 성당을 나왔습니다. 원래는 처벌받아야 했지만, 교황은 모차르트의 재능에 감탄하며 용서했답니다.

 반대 표현

나는 새도 움직여야 난다
아무리 재능이 많아도 노력하지 않으면 발휘할 수 없다는 뜻이다.

 모차르트가 성당에서 들었던 음악은 알레그리의 〈미제레레(Miserere)〉라는 곡이었습니다. 죽은 사람을 위해 부르는 성가였죠. 시스티나 성당에서 복사를 금하고, 악보를 공개하지 않았기 때문에 1770년대까지는 성당이 있는 바티칸에 가야만 이 곡을 들을 수 있었다고 해요.

개밥의 도토리

개는 도토리를 먹지 않아요. 그러니 개밥에 동글동글한 도토리가 섞여 들어가도 다시 덩그러니 혼자 남게 되겠죠. 이렇게 따돌려져 무리에서 겉도는 존재를 '개밥의 도토리'라고 비유합니다.

교과서 국어 2학년 1학기(나) 11단원 상상의 날개를 펴요 – 미운 오리 새끼

미운 오리 새끼

엄마 오리가 낳은 알들 중에서 여느 오리와는 다른 외모를 가진 새끼가 태어났어요. 미운 오리는 무리 속에서 개밥의 도토리처럼 지내다가 괴롭힘을 견디지 못하고 떠나 버렸어요. 그러다 마음씨 좋은 할머니 집에 도착했습니다. 하지만 그곳에서도 고양이와 암탉이 미운 오리를 놀려 댔고, 미운 오리는 도망쳐 다시 혼자가 되었죠. 시간이 지나고 자라난 미운 오리는 강물에 얼굴이 비추어 보다가 자신이 백조였다는 사실을 깨닫게 되었어요. 그렇게 미운 오리는 강에서 놀던 백조들과 함께 어울리며 행복하게 살았습니다.

반쪽이

한 여인이 오랜 기도 끝에 아들 셋을 낳게 되었는데, 막내의 몸이 반쪽만 있었어요. 어느 날 아버지가 호랑이를 잡으러 갔다가 실종됐습니다. 세 형제는 저마다 사냥 기술을 익혀 아버지를 구하려 하였는데, 반쪽이의 능력이 가장 출중했죠. 하지만 형제들 사이에서 개밥의 도토리였던 반쪽이는 인정받지 못했어요. 결국 두 형은 반쪽이를 두고 떠나 버렸고 반쪽이는 뒤늦게 형들을 따라나섰습니다. 그러다 반쪽이는 호랑이를 잡는 데에 큰 공을 세웠어요. 호랑이 가죽을 가지고 돌아오는 길에 한 영감이 가죽이 탐나서 자신의 딸을 걸고 내기를 제안했습니다. 슬기롭게 내기에서 이긴 반쪽이는 부인까지도 얻게 되어 잘 지냈답니다.

비슷한 표현

찬물에 기름 돌듯
서로 화합하지 못하고 따로 돈다는 뜻이다.

 오리와 백조, 거위는 하얀 깃털이 인상적인 기러기목 오릿과 새들로, 공통점이 많아서 종종 구별하기 어려워요. 그럴 때는 부리를 보고 판단할 수 있어요. 오리는 납작하고 둥근 노란 부리를 가졌어요. 거위는 부리의 끝이 뾰족하죠. 백조는 이 셋 중에 가장 몸집이 크고, 부리의 일부와 발이 검은색이랍니다.

말 한마디로 천 냥 빚 갚는다

말은 그 무엇보다 좋은 표현 수단이 되면서도 누군가를 해치는 무기가 될 수도 있어요. 말은 눈에 보이지 않지만, 그 무게는 커다란 바위보다도 무겁죠. 말을 잘하면 어려운 일도 슬기롭게 해결할 수 있다는 뜻으로 쓰입니다.

교과서 국어 2학년 2학기(가) 3단원 말의 재미를 찾아서 – 금도끼 은도끼

서희 외교 담판

거란이 고려에 쳐들어오자, 서희는 거란 장수 소손녕을 찾아갔습니다. 소손녕은 옛 신라를 계승한 고려는 고구려의 땅을 계승할 권리가 없는데도, 국경을 침범하고 있으니 땅을 내놓으라고 했습니다. 거기다 고려는 거란과 국경을 접하면서 왜 송나라와 더 친밀하게 지내느냐고 따지며, 거란과 가까이하라고 요구했죠. 이에 서희는 고려가 고구려를 계승한 나라임을 밝히며, 여진을 몰아내면 거란과 교류하기 수월할 것이라 했습니다. 말 한마디로 천 냥 빚 갚는다고, 서희의 담판으로 강동 6주를 얻어 냈으며, 나라를 전쟁의 위기에서 구할 수 있었습니다.

금도끼 은도끼

산에서 나무하던 나무꾼은 실수로 도끼를 연못에 빠뜨렸어요. "아이고, 도끼가 없으면 어떻게 나무하나!" 나무꾼은 연못 앞에 주저앉아 울었어요. 그러자 신비로운 안개가 일렁이며 연못에서 산신령이 나타났습니다. 산신령은 금도끼를 보여 주며 나무꾼에게 물었습니다. "이 금도끼가 네 도끼이냐?" 나무꾼은 고개를 저었어요. 산신령은 은도끼를 보이며 다시 물었어요. "이 은도끼가 네 도끼이냐?" 나무꾼은 손사래치며 자기의 도끼는 평범한 쇠도끼라고 답했어요. 말 한 마디에 천 냥 빚을 갚는다고, 그 정직한 대답에 감동한 산신령은 나무꾼에게 금도끼와 은도끼를 모두 건네주었습니다.

 반대 표현

세 치 혀가 사람 잡는다
말을 함부로 놀리면 사람을 죽게 만들 수도 있으니 조심하라는 의미이다.

 언어는 인류를 다른 동물과 구별해 주는 특징이에요. 우리는 언어를 통해 의사소통하고, 역사를 남기죠. 인류의 역사는 글로 역사를 남기는 유사(有史) 시대와 그 이전인 선사(先史) 시대로 구별할 수 있으며, 현재 지구상에는 5,000개 넘는 말이 존재한다고 합니다.

배보다 배꼽이 더 크다

본래 배보다 작은 배꼽이 배보다 커다래지면 난처한 일이 일어날 거예요. 주된 것보다 부수적인 것을 더 중요하게 다루거나 부풀려서 취급할 때 '배보다 배꼽이 더 크다.'라고 표현합니다.

교과서 국어 4학년 1학기 2단원 내용을 간추려요 – 나무 그늘을 산 총각

바다 건너온 코끼리

조선 태종 때, 일본은 사신을 보내 코끼리를 조선에 선물했습니다. 그런데 배보다 배꼽이 더 크다고, 커다란 코끼리는 엄청난 먹성으로 많은 곡식을 먹어 댔어요. 코끼리의 먹이 문제로 골치가 아팠어요. 그러던 어느 날 코끼리를 놀리던 사람이 코끼리 발에 밟혀 죽는 일이 생기자, 코끼리를 전라도의 한 섬에 유배를 보냈습니다. 하지만 그 섬은 풀이 얼마 없어 코끼리가 지내기엔 최악의 섬이었어요. 육지를 그리워하는 코끼리는 날마다 눈물을 흘렸죠. 하는 수 없이 왕은 코끼리를 다시 육지로 데려와 여러 지역에서 돌아가며 보살피도록 했답니다.

공책이 갖고 싶어

오랜만에 서점에 간 수진이 눈에 예쁜 공책이 들어왔어요. "마침 공책이 한 권 필요했는데 잘됐다!" 수진이는 서점 직원에게 공책을 달라고 했습니다. 그런데 직원이 말했어요. "저 공책은 다른 문구를 만 원 이상 사면 주는 증정 상품이에요." 수진이는 고민에 빠졌어요. "어떡하지? 보통 공책은 천 원이면 살 수 있는데…. 저 공책을 가지려면 문구를 만 원어치나 사야 하다니." 수진이는 배보다 배꼽이 크다는 걸 알았지만, 결국 이미 갖고 있던 연필과 함께 지우개까지 사서 예쁜 공책을 얻었습니다. 수진이는 아깝지 않게 공책을 열심히 쓰겠다고 다짐했답니다.

 비슷한 표현

주객전도(主客顚倒)
주인과 손님의 역할이 서로 반대가 되었다는 뜻으로, 사물의 중요성이나 차례 등이 뒤바뀌었다는 의미이다.

 코끼리는 세계에서 가장 큰 육상 동물이에요. 거대한 몸집답게 매일 약 300킬로그램의 먹이를 먹고, 100리터 정도의 물을 마시죠. 기다란 코는 코끼리의 중요한 특징인데, 코에는 약 15만 개 이상의 근육이 있어서 손처럼 자유롭게 움직일 수 있습니다.

여우를 피해서 호랑이를 만났다

'여우를 피해서 호랑이를 만났다.'는 갈수록 더욱더 힘든 상황을 마주함을 뜻해요. 비록 절망적인 상황이지만, 이겨 내고 나면 그것들이 성장을 위한 밑거름이었음을 깨달을 수 있을 거예요.

교과서 국어 2학년 2학기(나) 11단원 실감 나게 표현해요 – 팥죽 할머니와 호랑이

바다로 간 물총새

물총새는 사냥꾼을 피하고자 숲을 벗어나 바다 절벽에 둥지를 틀었어요. 그곳에 알을 낳고 새끼들이 태어나기만을 기다리던 어느 날, 강한 돌풍이 불어닥쳤습니다. 둥지는 물에 잠기고 알들이 절벽 아래로 떨어져 버렸죠. "사냥꾼을 피해 바다로 왔더니, 더 큰 위험을 만나 버렸구나!" 여우를 피해서 호랑이를 만난 격이었던 물총새는 자신의 신세를 한탄하며 슬피 울었답니다.

주몽 신화

수신의 딸인 유화는 천신의 아들인 해모수와 사랑에 빠진 걸 들켜 쫓겨났어요. 부여의 금와왕은 유화를 우연히 만나 사연을 듣고 궁에서 지내도록 해 줬습니다. 얼마 뒤 유화는 커다란 알 하나를 낳았는데, 그 안에서 주몽이 태어났지요. 주몽은 자라나면서 출중한 능력을 빛냈지만, 동시에 일곱 왕자의 시기를 받았어요. 결국 왕자들이 주몽을 없애려 하자, 이를 알게 된 유화는 주몽을 서둘러 피신을 보냈어요. 여우를 피해서 호랑이 만난다고, 왕자들의 추격을 피하던 주몽은 거센 강물을 맞닥뜨려 위험에 처하게 되었어요. 그때 주몽이 호기 있게 외쳤어요. "나는 수신과 천신의 손자다. 내가 강을 건널 수 있도록 도와 다오!" 그러자 강 위로 물고기와 거북이가 나타나 다리를 만들어 주었습니다. 무사히 졸본 지역에 도착한 주몽은 그곳에서 고구려를 세웠답니다.

 비슷한 표현

설상가상(雪上加霜)
눈 위에 서리가 덮인 격이라는 뜻으로, 힘든 일이 연달아 일어남을 의미한다.

 주몽에게는 부여에서 낳은 유리와 고구려에서 소서노와의 사이에서 낳은 비류와 온조가 있었어요. 주몽이 유리에게 왕의 자리를 넘겨주자 비류와 온조는 남쪽으로 떠났고, 그곳에서 온조는 백제를 세웠습니다.

간에 붙었다 쓸개에 붙었다 한다

자신에게 돌아올 이익을 따져 가며 줏대 없이 행동할 때 할 수 있는 말이에요. 언뜻 보면 얻는 것이 많아 보일 수 있지만, 그런 행동은 오히려 자신의 편이 되어 줄 사람들을 훌쩍 떠나가게 만든답니다.

교과서 도덕 5학년 1단원 바르고 떳떳하게 - 올바른 선택을 해요

동굴로 간 박쥐

숲에 살던 새와 쥐가 서로 편을 갈라 싸우고 있었습니다. 박쥐는 누구의 편을 들어야 할지 고민하다가 먼저 쥐들을 찾아갔어요. "제겐 네 다리가 있고, 땅을 걸어 다닐 수 있으니 쥐가 맞지요." 쥐 편을 들던 박쥐는 쥐 편이 불리해지자, 이번엔 새들에게 갔습니다. "제겐 날개가 있으니 틀림없이 새죠." 이렇게 박쥐는 새 편이 불리해지면 쥐 편에 붙었고, 쥐 편이 불리해지면 새 편으로 가 붙었습니다. 간에 붙었다 쓸개에 붙었다 하는 박쥐의 치사한 모습을 본 새와 쥐들은 화가 나 박쥐를 숲에서 내쫓았습니다. 결국 새들과 쥐들은 서로 화해했지만 쫓겨난 박쥐는 동굴로 들어가 홀로 외롭게 살았습니다.

배신자 여포

여포는 자기에게 이로운 일이라면 물불 가리지 않았어요. 적토마를 주겠다는 동탁의 말에 넘어가, 양아버지인 정원을 배신하기도 했죠. 이후 동탁과 사이가 멀어진 여포는 이번엔 동탁을 배신하고 죽였습니다. 정처 없이 떠돌던 여포는 북방에서 세력을 넓히던 원소를 찾아갔어요. 여포에 대해 잘 알고 있던 원소의 부하들은 원소에게 말했지요. "여포는 간에 붙었다 쓸개에 붙었다 하며, 배신을 일삼는 놈이니 죽여야 합니다!" 결국 여포는 배신자라는 낙인이 찍혀 도망 다니는 처지가 되었습니다.

 반대 표현

송백지조(松柏之操)
겨울에도 푸른 잣나무와 소나무의 지조라는 뜻으로, 굳은 절개를 의미한다.

 박쥐는 편복(蝙蝠)이라는 또 다른 이름을 가지고 있어요. 그 이름이 한자 복(福)과 발음이 비슷하여 복의 상징으로 여겨지기도 했죠. 그래서 옛날 사람들은 가구나 기와에 박쥐 문양을 새기기도 했답니다.

등잔 밑이 어둡다

환하게 어둠을 비추는 등불의 등잔 밑은 오히려 빛이 닿지 않아 주변보다 훨씬 어두워요. 가까이 있는 것을 도리어 알아보지 못하거나 찾지 못할 때 '등잔 밑이 어둡다.'라고 말합니다.

교과서 국어 1학년 2학기(가) 3단원 문장으로 표현해요 - 신데렐라

파랑새

남매 치르치르와 미치르는 요술 할머니의 부탁을 받고 꿈속으로 파랑새를 찾는 여행을 떠났습니다. 남매는 요정과 함께 추억의 나라, 밤의 궁전, 숲과 행복의 궁전, 미래의 나라를 하나하나 들렀지만, 파랑새는 찾지 못했어요. 다음 날 남매가 잠에서 깼을 때 요술 할머니랑 똑같이 생긴 이웃집 할머니가 찾아왔습니다. 할머니가 파랑새를 찾자, 남매가 없다고 대답하려던 순간이었어요. 등잔 밑이 어둡다고, 집 안 새장 속에 파랑새가 있는 걸 발견했죠. 남매는 기쁜 마음으로 파랑새를 할머니께 드렸고, 파랑새처럼 행복이 멀리 있지 않다는 것을 깨닫게 되었습니다.

고르디우스의 매듭

군사를 이끌고 길을 가던 알렉산더 대왕은 한 매듭에 관한 전설을 듣게 되었습니다. 프리기아의 고르디우스 왕이 매듭 푸는 자는 아시아를 정복할 것이라며, 신전 기둥에 줄로 전차를 묶어 둔 것이었죠. 복잡하게 묶인 매듭을 푼 사람은 아직 없었어요. 하지만 신전에 찾아간 알렉산더 대왕이 매듭을 푸는 데 성공하자 사람들은 놀랐어요. 등잔 밑이 어둡다고, 사실 매듭 푸는 방법은 아주 간단했어요. 알렉산더 대왕이 칼을 빼 들고 매듭을 단칼에 잘라 냈던 것이죠. 이후 알렉산더 대왕은 아시아를 정복하고 거대한 제국을 세웠습니다.

비슷한 표현

업은 아이 삼 년 찾는다
무엇을 지니거나 가까이 둔 사실을 잊고 엉뚱한 곳에 가서 찾는 경우를 뜻한다.

 '고르디우스의 매듭'은 복잡해 보이는 문제를 뜻밖의 방법으로 간단하게 해결하는 것을 일컫는 말이기도 하며, 비슷한 말로는 '콜럼버스의 달걀'이 있어요. 콜럼버스는 밑동을 살짝 깨서 동그란 달걀을 세우는 데 성공했다고 합니다.

아 해 다르고 어 해 다르다

언뜻 보면 비슷해 보이는 말도 작은 차이에서 의미가 극과 극으로 나뉘기도 합니다. 그렇기 때문에 말을 잘 이해하려면 말이 나온 장소나 맥락, 듣는 이의 입장 등을 고려해야 하는 거죠.

교과서 국어 4학년 1학기(가) 1단원 생각과 느낌을 나누어요 – 가끔씩 비 오는 날

6,522번의 교훈

전구를 발명한 에디슨은 무려 6,522번의 실패를 딛고서야 성공을 맛볼 수 있었어요. 한 기자가 물었습니다. "선생님, 6,523번의 실험 끝에야 전구를 발명하신 거죠? 그렇다면 6,522번의 실패를 시간 낭비라고 생각하진 않으시나요?" 아 해 다르고 어 해 다르다고, 에디슨은 이렇게 답했습니다. "아니오. 저는 6,522번의 실험을 통해 그렇게 해선 안 된다는 교훈을 얻은 것입니다." 이렇게 포기를 모르는 그의 정신이 세기의 발명을 이루어 낸 것입니다.

봄이 오는 것

프랑스 미라보 다리를 건너던 신사가 '저는 장님으로 태어났습니다.'라고 적힌 팻말을 목에 건 걸인을 발견했습니다. 그 모습이 애처로워 신사가 물었습니다. "이렇게 서 있으면 하루에 얼마를 버시나요?" "고작해야 10프랑 정도죠." 신사는 그 말을 듣고 팻말을 빌리더니 잠시 뒤 돌려주었습니다. 걸인은 그날 50프랑이 넘는 돈을 받았어요. 얼마 뒤 신사를 다시 만난 걸인은 팻말을 어떻게 고쳤냐고 물었습니다. 신사는 팻말의 문구를 '저는 봄이 오는 걸 볼 수 없습니다.'라고 고쳤다고 답했습니다. 아 해 다르고 어 해 다르다고 하지요? 같은 내용이지만 신사가 쓴 글은 사람들의 마음을 움직여 걸인의 처지를 이해하고 희망을 나누게끔 만든 것입니다.

 비슷한 표현

글 속에도 글 있고 말 속에도 말 있다
말과 글에는 겉으로 들리고 보이는 것보다 깊은 뜻이 담겨 있다.

 토마스 에디슨은 미국의 발명가로 우리가 놀랄 만한 것들을 발명했어요. 백열등, 축음기, 영화 촬영기 등이 그의 작품입니다. 게다가 에디슨은 특허 수가 1,000종이 넘을 정도로 많아 '발명왕'이라는 별명도 가지고 있습니다.

가는 토끼 잡으려다 잡은 토끼 놓친다

토끼를 많이 잡는 데에만 신경을 쓰고 이미 잡은 토끼가 어떻게 지내는지 소홀하면 어느새 달아나 버릴지도 몰라요. 지나치게 욕심을 부리다가 이미 가지고 있던 것까지 잃어버리는 상황에 쓰는 말이에요.

교과서 국어 2학년 1학기(나) 7단원 친구들에게 알려요 – 욕심 많은 개

스무 냥 서른 냥

한 선비가 길을 가던 중에 스무 냥이 들어 있는 주머니를 발견했어요. 선비는 그 주머니를 주워 원님에게 맡겼습니다. 얼마 후 주머니를 잃어버렸다는 나그네가 나타났어요. 나그네는 선비의 행색이 비루하고 순진해 보이자, 주머니 속에 서른 냥이 들어 있었다며 거짓말을 했어요. 나머지 열 냥을 선비에게 내놓으라며 우길 셈이었죠. 원님은 뻔뻔한 나그네의 생각을 눈치채곤 말했어요. "그럼 이 스무 냥 든 주머니는 다른 사람의 것이겠군. 자네는 그만 가 보게." 가는 토끼 잡으려다 잡은 토끼를 놓치게 된 나그네는 땅을 치며 후회했답니다.

욕심쟁이 개

욕심쟁이 개가 입에 고기를 물고 다리를 건너던 중이었어요. 어디선가 맛있는 냄새가 나서 다리 아래를 살펴보니 다른 개가 고기를 입에 물고 있었죠. 그 개의 고기는 더 크고 맛있어 보였습니다. 욕심쟁이 개는 그 고기를 뺏어 먹고 싶어 다리 아래에 있는 개를 향해 맹렬히 짖었어요. 그리고 짖다가 물고 있던 고기를 실수로 놓쳐 버렸죠. 고기는 다리 아래 강물로 풍덩 빠져 버렸습니다. 게다가 다른 개라 생각했던 것은 사실 강물에 비친 자기 자신이었어요. 가는 토끼 잡으려다 잡은 토끼를 놓친 욕심쟁이의 모습이었죠.

 비슷한 표현

산돼지를 잡으려다가 집돼지까지 잃는다
지나친 욕심을 부려 이미 차지한 것까지 잃어버림을 의미한다.

 '냥'은 고려 성종 때 철전(鐵錢)을 주조한 뒤에 생긴 돈의 단위예요. 엽전 열 닢(푼)이 모이면 한 돈, 한 돈이 열 개 모이면 한 냥이 되는 것이죠. 조선 시대에서는 한 냥으로 쌀 한 말 정도를 살 수 있었다고 해요.

집에서 새는 바가지는 들에 가도 샌다

구멍 난 바가지가 밖으로 나간다고 해서 그 틈이 저절로 메워지거나 하는 일은 없을 거예요. 집에서 하는 것과 똑같이 물을 담아 놓지 못하고 흘리겠죠. 결국 본바탕이 좋지 않은 사람은 어디에 가서나 그 성품이 드러난다는 뜻입니다.

교과서 국어 4학년 2학기(가) 4단원 이야기 속 세상 – 바보 온달과 평강 공주

스스로 치워야 해

철수는 자기가 어지른 걸 치우지 않는 나쁜 습관이 있었어요. 어머니가 아무리 꾸중해도 소용없었죠. 학교에서 만들기 수업이 있는 날이었어요. 집에서 새는 바가지 밖에서도 샌다고, 철수는 어김없이 만들기를 끝내고 나서 책상을 치우지 않았어요. 색종이 조각들과 가위가 책상에 굴러다녔죠. 잠시 후, 선생님이 교실에 들어와 철수의 책상을 보고 물었습니다. "철수는 왜 책상을 치우지 않았니?" "친구들이 치워 주지 않았어요." 선생님이 "친구들이 네 책상을 대신 치워 줄 의무는 없단다. 자기가 어지른 건 스스로 치우는 거야."라고 말씀하시자, 그제야 철수는 얼굴을 붉히며 서둘러 책상을 정리했답니다.

청개구리

어느 청개구리는 엄마 말도 듣지 않고, 항상 모든 일을 반대로 행동했어요. 집에서 새는 바가지는 들에 가도 샌다고, 밖에서도 말썽이었죠. 시간이 흐르고 병든 엄마 개구리는 청개구리에게 유언을 남겼어요. "내가 죽게 되면 꼭 강가에 묻어 주렴." 반대로 행동할 거라 예상했기에 그렇게 말한 거죠. 그런데 청개구리는 지금껏 엄마의 말을 듣지 않은 것을 후회하며, 유언 그대로 강가에 무덤을 만들었습니다. 그 이후로 청개구리는 비가 오면 불어난 강물에 무덤이 떠내려갈까 걱정되어 슬피 운다고 합니다.

비슷한 표현

마각노출(馬脚露出)
말의 다리가 드러나다. 숨기려던 본성 혹은 정체가 드러남을 이른다.

 옛날 사람들은 초록색과 파란색을 구별 없이 '청색(靑色)'이라고 부르기도 했어요. 그래서 초록색이어도 청개구리라 불리게 된 것이죠. 그런데 놀랍게도 청개구리는 환경에 따라서 초록색이 아닌, 갈색이나 회색 등으로 변신하기도 해요.

구슬이 서 말이라도 꿰어야 보배

이 말에서 나온 '말'은 그릇처럼 생긴 곡식의 양을 재던 도구를 말해요. 구슬이 많아 봐야 실에 꿰지 않으면 쓸모없다는 거죠. 이렇게 아무리 좋은 것이라도 쓰기 좋게 다듬어 놓지 않으면 소용없다는 의미입니다.

교과서 국어 3학년 1학기(나) 8단원 의견이 있어요 – 아씨방 일곱 동무

빅토르 위고의 물음표

빅토르 위고는 소설 《레 미제라블》을 오랫동안 고민하면서 집필했어요. 구슬이 서 말이라도 꿰어야 보배라고, 결국 원고를 완성하고 책으로 출판하기로 결정했지만 빅토르는 반응이 시원찮으면 어쩔지 걱정이었죠. 그래서 빅토르는 출판사에 원고를 넘기고 나서 물음표 하나를 그린 편지를 출판사 사장에게 보냈어요. 얼마 뒤 출판사에서 답장이 왔는데, 그 편지에는 아무 말도 씌어 있지 않고 느낌표 하나만 적혀 있었습니다. 그건 빅토르 위고의 작품이 아주 훌륭하다는 의미였지요.

금을 땅에 묻은 구두쇠

어느 마을에 구두쇠가 살고 있었어요. 구두쇠는 전 재산을 금괴로 바꿔 혼자만 아는 비밀 장소에 묻어 놨습니다. 그리고 매일 금괴가 잘 있는지 확인했지요. 어느 날 그 모습을 몰래 지켜보던 한 일꾼이 금괴를 훔쳐 달아났어요. 다음 날 파헤쳐진 텅 빈 구덩이를 본 구두쇠는 주저앉아 세상이 떠나가도록 울었습니다. 그때 마침 지나가던 마을 사람이 구두쇠에게 슬퍼하는 이유를 듣고 말했어요. "어차피 안 쓸 돈은 돌과 같지 않습니까. 그 구덩이에 돌을 묻고 그것을 금괴라 여기시오." 구슬이 서 말이라도 꿰어야 보배라고, 돈은 쓰지 않으면 아무것도 아니라는 걸 구두쇠는 깨달았답니다.

 비슷한 표현

솥에 넣은 팥이라도 익어야 먹는다
쉬운 일도 실천하지 않으면 소용없다는 뜻이다.

 프랑스 작가 빅토르 위고의 대표작 《레 미제라블(Les Misérables)》의 제목은 가엾은 사람들이라는 의미입니다. 사회에서 범죄자로 몰려 불우하게 살아가던 장 발장이 주인공이며 그가 사랑으로 구제되는 과정을 그린 작품이지요.

눈 가리고 아웅

눈을 가려 보세요. 아무것도 보이지 않을 거예요. 하지만 내 눈에 아무것도 보이지 않는 것이지 내 모습마저 다른 사람 눈에 보이지 않는 것은 아닐 거예요. '눈 가리고 아웅'은 남들이 다 아는 매우 얕은 속셈으로 남을 속이려 할 때 하는 말입니다.

교과서 국어 3학년 2학기(나) 9단원 작품 속 인물이 되어 – 별주부전

먹으면 죽는 꿀

어느 한 스님은 벽장에 꿀단지를 숨겨 두곤 혼자 몰래 꺼내 먹었어요. 그러다가 어린 동자에게 들키자 이 꿀은 아이가 먹으면 죽는 꿀이라고 거짓말하며, 눈 가리고 아웅을 했죠. 다음 날 스님이 자리를 비우자 동자는 꿀을 몽땅 먹어 버렸어요. 그리고 스님이 아끼던 벼루를 깨뜨려 버렸죠. 돌아온 스님이 왜 그랬냐고 묻자 동자가 울먹이며 대답했어요. "스님의 벼루를 실수로 깨뜨린 바람에 죄책감이 들어 꿀을 먹고 죽으려 했습니다." 어이없었지만 스님은 자신이 한 거짓말 때문에 화를 낼 수 없었답니다.

고양이와 쥐들

쥐가 많은 어느 집에 고양이 한 마리가 들어왔습니다. 고양이가 매일매일 쥐를 잡아먹자, 겁에 질린 남은 쥐들은 쥐구멍 밖으로 나가지 않았어요. 고양이는 쥐들이 보이지 않자 쥐구멍에서 쥐들을 어떻게 끌어내야 할지 고민했습니다. '옳거니!' 무언가 묘안을 떠올린 고양이는 쥐구멍 앞으로 가서 죽은 척을 했어요. 그러면 쥐들이 자신이 죽은 줄 알고 쥐구멍에서 나올 거라 예상한 거죠. 하지만 고양이가 눈 가리고 아웅 하는 걸 알았는지 쥐구멍에서 이런 말이 들렸습니다. "우린 네가 죽지 않은 걸 알아. 그리고 설령 네가 그렇게 죽어 있다고 해도 절대 네게 다가가는 일은 없을 거야!"

스님이 아끼시는 벼루를 깨뜨려 버려 꿀을 먹고 죽으려 하였습니다.

비슷한 표현

엄목포작(掩目捕雀)
'눈을 가리고 새를 잡는다'는 뜻으로, 일을 건성으로 할 때를 일컫는다.

 우리와 가깝고 친근한 동물인 고양이는 어떤 식으로 감정 표현을 할까요? 고양이는 기분이 좋으면 고롱고롱 목을 울리고, 친밀한 상대에겐 천천히 눈꺼풀을 감았다 뜨며 눈을 마주친다고 하네요.

평안 감사도 저 싫으면 그만이다

감사는 조선 시대에 각 도를 다스리는 으뜸 벼슬이에요. 특히 평안 감사는 누구나 앉아 보고 싶은 자리죠. 하지만 아무리 근사하고 좋은 일이라도 그걸 하기 싫어하는 사람에게 억지로 시킬 수 없는 법입니다.

교과서 국어 3학년 2학기(가) 독서 단원. 책을 읽고 생각을 나누어요 – 행복한 왕자

행복한 왕자

한 마을에 온갖 보석으로 장식된 행복한 왕자 동상이 있었어요. 왕자는 우연히 자기 어깨 위에 앉은 제비에게 부탁했어요. "내 보석을 떼어 형편이 어려운 사람들을 도와주렴." 평안 감사도 저 싫으면 그만이지만, 제비는 멋진 보석을 포기하는 왕자를 말렸어요. 하지만 왕자의 뜻이 너무 완강해 그의 바람을 들어주었죠. 얼마 뒤 보석이 모두 사라지고 볼품없어진 왕자 동상은 마을에서 치워졌습니다. 겨울을 피하지 못한 제비도 죽어 버렸습니다. 마침 이를 지켜본 천사가 마음씨 착한 이들의 영혼을 천국으로 데려왔고, 천국에서 제비와 왕자는 행복하게 살았다고 합니다.

떡보 뱃사공

옛날에 중국에서 사신을 보내 우리나라 인재의 수준을 알아보려고 했어요. 그 사실을 안 궁에서는 마땅한 인재를 찾아다녔지만, 대부분 부담스러워 거부했어요. 평안 감사도 저 싫으면 그만이니, 어쩔 수 없이 유일하게 자원했던 뱃사공이 궁에서 맛있는 떡을 얻어먹고는 사신을 맞이하러 갔습니다. 서로 말이 통하지 않았던 두 사람은 몸짓을 통해 대화를 나누었어요. 사신은 뱃사공이 떡을 먹고 왔다는 뜻에서 한 손짓을 보고선 뛰어난 학식을 가졌다고 오해했어요. "일개 뱃사공이 이 정도로 훌륭한 지식을 가졌다면 다른 이들은 얼마나 뛰어나다는 것인가!" 이후 중국은 우리나라를 얕보지 않게 되었답니다.

 반대 표현

강목수생(剛木水生)
마른 나무에서 물을 짜낸다는 뜻으로, 불가능한 일을 무리하게 이루려 한다는 말이다.

 장식으로 이용하는 아름다운 광물을 보석이라고 하죠? 현재 알려진 4,000개 이상의 광물 중에서 50여 종만이 보석으로 분류됩니다. 일반적으로 보석에 사용되는 무게 단위는 캐럿(Carat)으로 1캐럿은 0.2g이랍니다.

내 코가 석 자

'내 코가 석 자'에서의 코는 콧물을 의미하기도 해요. 나의 콧물이 길게 흘러내리고 있어 남의 사정을 봐주기가 쉽지 않다는 것이지요.

교과서 국어 2학년 2학기(나) 9단원 주요 내용을 찾아요 – 어떻게 하면 좋을까

곰과 친구

친구인 두 사람이 숲을 지나던 때였습니다. 하필이면 야생 곰이 나타나 버렸죠. 위협적인 곰의 모습에 한 친구는 제 코가 석 자였는지, 저 혼자 얼른 나무 위로 도망갔어요. 남은 친구는 급하게 땅에 누워 죽은 척을 했죠. 다행히 곰은 죽은 척한 친구의 냄새만 킁킁 맡다가 돌아갔습니다. 나무 위로 올라간 친구는 땅으로 내려와 말했어요. "곰이 자네에게 무슨 말이라도 하던가?" 죽은 척한 친구가 대답했습니다. "위험에 처했을 때 혼자만 살려고 도망치는 사람은 친구가 아니라고 하더군."

수명을 나누어 준 정렴

정렴의 친구가 큰 병에 들어 앓아눕자, 그의 부친은 정렴을 찾아와 무슨 방법이 없겠느냐고 물었어요. 그러자 정렴은 내일 남산 꼭대기에 가면 붉은 옷과 검은 옷을 입은 스님들이 있으니, 그들에게 어떻게든 살려 달라 빌라고 했어요. 부친이 남산을 찾아가자 정말로 정렴이 말한 두 스님이 있었고, 부친은 스님들에게 울며불며 처절하게 매달렸어요. 두 스님은 정렴이 알려 줬냐며 불처럼 화를 내더니, 천기누설한 정렴의 수명을 깎아 친구의 수명을 늘려 주었어요. 사실 스님들은 수명을 관장하는 신이었거든요.

내 코가 석 자라며 모른 체할 수도 있었지만, 이 모든 걸 예상한 정렴은 제 수명을 떼어 친구에게 줄 것을 각오했던 것입니다.

 **반대 표현**

상부상조(相扶相助)
서로 의지하고 서로 돕는다.

 동화와 달리 곰을 만났을 때 죽은 척하는 것은 위험해요. 만약 실제로 곰을 마주치게 된다면, 불이 붙은 막대를 휘둘러 쫓아내거나, 달콤한 과일 등을 멀리 던져서 곰을 따돌린 후에 도망가는 방법이 훨씬 현명하다고 합니다.

한번 엎지른 물은 다시 주워 담지 못한다

컵에서 물이 엎질러지면 우리는 그걸 쓸어 담지 못하고, 컵에 다시 엎지른 물을 담을 수도 없어요. 이렇게 한번 저지르면 바로잡기 어려운 잘못이 존재하기 때문에, 조심스럽게 행동해야 할 때도 있는 것이죠.

교과서 국어 4학년 2학기(나) 5단원 의견이 드러나게 글을 써요 – 목홧값은 누가 물어야 하나?

웨지우드 도자기 회사

조시아 웨지우드가 설립한 회사 웨지우드는 최고의 도자기 회사였어요. 한 귀족이 웨지우드에 방문하여 공장을 견학했을 때였습니다. 공장 직원이었던 한 소년이 동행했는데, 그 귀족이 소년을 무시하며 함부로 말했어요. 소년은 마음에 상처를 입었죠. 견학이 끝날 무렵, 웨지우드는 아름다운 꽃병을 보여 주더니 귀족이 만지려 하자, 꽃병을 바닥에 집어 던졌습니다. "이게 뭐 하는 짓이오!" 귀족이 소리치자, 웨지우드가 말했습니다. "도자기가 귀하다 한들, 사람보다 귀하겠습니까? 당신은 지금 한 소년의 마음을 부수었습니다." 한번 엎지른 물은 다시 주워 담지 못하듯, 한번 뱉은 말도 되돌릴 수 없어요. 웨지우드는 무엇보다도 상처 입은 소년의 마음을 헤아렸던 것입니다.

단위의 중요성

1999년 나사(미국 항공우주국)에서 기상 탐사선을 화성으로 쏘아 올렸습니다. 화성 궤도에 진입할 때까지 순조로웠는데요, 화성에 도착하고 난 후부터 탐사선과의 통신이 끊어지고 말았습니다. 조사 끝에 사소한 실수가 원인이었음이 밝혀졌어요. 바로 시스템 팀과 우주선 제작 팀이 서로 다른 단위를 사용했던 거예요. 한번 엎지른 물은 다시 주워 담지 못한다고, 결국 1,300억 원 상당의 기상 탐사선은 제대로 된 탐사를 하기도 전에 우주 어딘가로 사라지고 말았습니다.

 비슷한 표현

익은 밥이 날로 돌아갈 수 없다
이미 한 일은 후회해도 되돌릴 수 없다.

 미국 항공우주국 나사(NASA, National Aeronautics & Space Administration)는 우주를 연구하는 기관이에요. 1969년 최초로 인류가 달에 발을 디뎠을 때 타고 갔던 우주선인 '아폴로 11호' 역시 나사에서 개발한 것이었죠.

속담 퀴즈

비슷한 표현을 찾아 선으로 이어 주세요.

궁지에 빠진 쥐가 고양이를 문다 ●　　　　　● 설상가상

적반하장 ●　　　　　● 참새도 죽을 때는 짹 한다

여우를 피해서 호랑이를 만났다 ●　　　　　● 방귀 뀐 놈이 성낸다

빈칸에 알맞은 단어를 넣어 주세요.

① ☐☐ 밑이 어둡다

② 가는 ☐☐ 잡으려다 잡은 ☐☐ 놓친다

③ 개밥의 ☐☐☐

답: 궁지에 빠진 쥐가 고양이를 문다 — 참새도 죽을 때는 짹 한다, 적반하장 — 방귀 뀐 놈이 성낸다, 여우를 피해서 호랑이를 만났다 — 설상가상 / ① 등잔, ② 토끼, 토끼 ③ 도토리

속담 따라 쓰기

이번 장에 나왔던 주요 속담을 떠올려 한 글자씩 따라 써 보며 의미를 되새겨 봅시다.

지성이면 감천

세 살 적 버릇 여든까지 간다

말 한마디에 천 냥 빚 갚는다

간에 붙었다 쓸개에 붙었다 한다

집에서 새는 바가지는 들에 가도 샌다

3장

공든 탑이 무너지랴

차곡차곡 공들여 쌓은 탑은 허술한 것과는 비교도 안 되게 튼튼하고, 쉽사리 무너지지 않을 거예요. '공든 탑이 무너지랴.'는 정성을 다하여 한 일은 헛되지 않고 좋은 결과를 얻는다는 뜻입니다.

아닌 밤중에 홍두깨

홍두깨는 단단한 나무로 만든 도구인데요, 생김새가 방망이처럼 생겼어요. 늦은 밤 누군가 홍두깨를 들고 찾아온다면 무척이나 놀라겠죠? 이렇게 예상치 못한 일을 당해 당황스러운 상황을 두고 '아닌 밤중에 홍두깨'라고 한답니다.

교과서 국어 4학년 1학기(가) 5단원 내가 만든 이야기 – 초록 고양이

미다스의 황금 손

어느 날, 아닌 밤중에 홍두깨처럼 한 취객이 마을에서 소란을 피웠습니다. 마을 사람들은 그를 미다스왕에게 끌고 갔어요. 그런데 알고 보니 그 취객은 디오니소스 신의 스승인 실레노스였고, 왕은 그를 위해 연회를 베풀었죠. 뒤늦게 도착한 디오니소스는 고맙다고 인사하며 소원을 한 가지 들어주겠다고 했습니다. 왕이 말했어요. "내 손이 닿으면 모든 것이 황금으로 바뀌었으면 좋겠습니다!" 그의 소원은 정말 이루어졌어요. 하지만 물잔이나 빵까지도 그가 손으로 잡는 족족 황금으로 변하는 바람에 아무것도 먹을 수 없어서 굶어 죽을 판이었어요. 결국 왕은 신에게 용서를 빌어 손을 원래대로 돌려놓고 자신의 탐욕을 반성했습니다.

세 개의 병

어느 날 괴물이 나타나 동생을 잡아갔어요. 아닌 밤중에 홍두깨 같은 일이었죠. 오빠는 동생을 찾으러 가는 길에 한 노인을 만나 병 세 개를 받고 괴물이 있는 곳에 도착했어요. 오빠는 동생을 찾아 몰래 달아났고 이를 알아챈 괴물이 뒤따라오자 오빠는 흰 병을 던졌어요. 그러자 커다란 호수가 생겼죠. 하지만 괴물은 호수를 건너 쫓아왔어요. 오빠가 또 파란 병을 던지니 가시덤불이 생겼습니다. 그런데도 괴물은 계속해서 따라왔죠. 마침내 마지막으로 던진 빨간 병에서 불꽃이 튀어나와 괴물을 해치울 수 있었고, 오누이는 무사히 집에 돌아갔답니다.

 비슷한 표현

지어지앙(池魚之殃)
연못의 물고기에게 닥친 재앙이란 뜻으로 영문도 모른 채 당하는 재앙을 말한다.

 미다스 이야기에서 비롯된 '미다스의 손'이라는 말이 있어요. 이는 손대는 일마다 재정적으로 큰 성공을 거두는 능력 또는 그런 능력자에게 붙이는 수식어랍니다.

길동무가 좋으면 먼 길도 가깝다

고되고 긴 길을 혼자 걷고 있으면 따분하고 힘들기만 해요. 하지만 마음 맞는 길벗과 서로 웃고 떠들다 보면 나도 모르는 새 목적지에 도착해 버리죠. 이렇게 길동무란 존재는 먼 길도 가깝게 느껴지도록 해 준답니다.

교과서 국어 4학년 2학기(가) 1단원 이어질 장면을 생각해요 – 오늘이

백아와 종자기

백아는 거문고 연주가 훌륭하기로 이름이 자자했어요. 종자기는 그의 연주를 감상하기를 좋아했죠. 달빛이 없는 밤에 백아가 달을 떠올리며 연주를 하면 종자기가 "선율이 달처럼 아름답다."라고 말할 정도로 두 사람의 마음은 잘 통했습니다. 길동무가 좋으면 먼 길도 가깝다고, 두 사람이 만나면 하루가 짧다고 느껴질 정도로 즐거운 시간을 보냈죠. 하지만 훗날 종자기가 병으로 먼저 세상을 떴어요. 백아는 그의 무덤 앞에서 마지막으로 곡조를 뽑았습니다. 그리고 종자기처럼 자신의 연주를 알아주는 사람이 다신 없을 거라며 거문고 현을 끊고, 다시는 연주하지 않았다고 합니다.

오즈의 마법사

미국 캔자스에 살던 도로시는 어느 날 불어닥친 폭풍에 휩쓸려 마법의 나라 오즈에 떨어지게 됐어요. 도로시는 어떤 소원이든 들어준다는 오즈의 마법사에 대한 소문을 듣고 그가 있다는 에메랄드 시를 향해 모험을 떠났습니다. 여정 중에 허수아비, 양철 나무꾼, 겁쟁이 사자를 만나 함께하게 되었죠. 길동무가 좋으면 먼 길도 가깝다고, 그들은 희망을 잃지 않고 서로를 의지하며 먼 길을 함께했어요. 우여곡절 끝에 허수아비와 양철 나무꾼, 사자는 원하는 것을 얻을 수 있었고, 도로시는 강아지 토토와 함께 다시 집으로 돌아올 수 있었답니다.

소리가 마치 달처럼 아름답군!

이제 다신 연주하지 않으리라….

 반대 표현

동무 사나워 뺨 맞는다
좋지 못한 친구와 함께 다녀 나까지 욕을 먹게 된다는 뜻이다.

 백아와 종자기의 이야기에서 나온 고사성어가 있어요. 백아절현(伯牙絶絃)은 백아가 거문고의 현을 끊었다는 뜻으로, 가까운 친구의 죽음을 슬퍼한다는 의미입니다. 지음(知音)은 소리를 안다는 뜻으로, 속마음까지 알아보는 친구를 말하죠.

작은 고추가 더 맵다

키가 작아도 내가 가진 재능은 백분 발휘할 수 있는 법이죠. 몸집이 작은 사람이 큰 사람보다 튼튼하거나 재주가 뛰어나면 '작은 고추가 더 맵다.'라고 합니다.

교과서 국어 4학년 2학기(가) 4단원 이야기 속 세상 – 피터 팬

제나라 안영

중국 제나라의 안영이라는 재상은 지혜롭고 대담했지만, 키가 유달리 작았어요. 그가 초나라에 사신으로 갔을 때, 초나라의 왕이 지나가는 죄인을 가리키며 짓궂은 질문을 했습니다. "저 죄인은 제나라 사람인데, 도둑질하여 잡혀 왔소. 제나라 사람들은 원래부터 도둑질을 잘하는 것이오?" 안영은 눈 하나 깜짝 안 하고 대답했습니다. "강 남쪽의 귤을 강 북쪽에 심었을 때 탱자가 되는 것은 토질 때문이지요. 도둑질을 모르던 제나라 사람이 초나라로 와 도둑질을 한다면 그것은 초나라의 풍토 때문이 아니겠습니까?" 작은 고추가 더 맵다고, 안영의 말에 초나라 왕은 더 입을 열 수 없었습니다.

사자와 모기

어느 모기가 겁 없이 사자에게 다가가 말했어요. "나는 너 따위 하나도 안 무서워한다고!" 화가 난 사자가 앞발을 휘두르자 모기는 잽싸게 피해 사자의 코를 물었습니다. 작은 고추가 더 맵다고, 사자는 작은 모기에게 이곳저곳 쏘이다가 결국 물러났어요. "내가 사자보다 더 세다고!" 그런데 하필이면 모기가 가는 길에 거미줄이 있었어요. 천하를 다 가진 것처럼 의기양양하던 모기는 거미줄에 걸려 꼼짝 못 하게 되었답니다.

 비슷한 표현

고추보다 후추가 더 맵다
몸집이 작은 사람이 큰 사람보다 야무지다는 뜻이다.

 여름철 불청객인 모기. 모기가 문 자리는 왜 가려운 걸까요? 모기는 피를 빨면서 침을 몸에 집어넣는데, 이것은 피를 굳지 않게 하고 혈관을 넓혀 주는 기능을 해요. 그런데 이 침이 우리 몸에서 알레르기 반응을 일으켜 피부를 붓고 간지럽게 만드는 것이죠.

미운 아이 떡 하나 더 준다

> 미운 사람을 잘 챙기는 건 어려운 일이에요. 마음을 바꾸기도 쉽지 않죠. 하지만 그럴수록 더 잘 대해 주어야 나쁜 마음이 가시고, 정이 두터워져요. 그래서 '미운 아이 떡 하나 더 준다.'라고 말한답니다.

교과서 국어 2학년 2학기(가) 1단원 장면을 떠올리며 – 형이 형인 까닭은

시어머니와 구운 밤

옛날에 한 며느리가 시어머니의 고약한 심보에 시달리다가 이웃에게 한탄했습니다. 이웃은 시어머니를 죽일 방법을 알고 있다며, 시어머니께 매일 맛있는 밤을 구워 대접해 드리라고 했어요. 다음 날부터 며느리는 미운 아이 떡 하나 더 주는 마음으로, 구운 밤을 매일 시어머니께 드렸죠. 시어머니는 며느리의 한결같은 모습에 감동하여 점점 며느리를 칭찬하고 아껴 줬어요. 바뀐 시어머니 모습에 며느리가 다시 이웃을 찾아가 울면서 말했습니다. "우리 시어머니를 죽이고 싶지 않아요. 제발 살려 주세요!" 그러자 이웃은 "당신을 미워하던 못된 시어머니는 이미 없어지지 않았나요?"라고 말하며 웃었답니다.

링컨과 스탠턴

스탠턴과 링컨은 처음에 변호사로서 서로 만났어요. 그리고 나중엔 민주당의 스탠턴과 공화당의 링컨으로서 재회하게 되죠. 스탠턴은 링컨을 혹독하게 비판하고 무례한 행동과 말을 서슴지 않았어요. 미운 아이 떡 하나 더 준다고, 링컨은 스탠턴의 조롱과 농담을 너그럽게 넘겼습니다. 링컨이 대통령이 되었을 땐 오히려 스탠턴의 능력을 높게 평가하여 국방장관으로 임명했죠. 스탠턴은 점점 링컨과 가까워지고 종래엔 절친한 동료가 되었어요. 이후 링컨이 총에 맞아 죽었을 때 스탠턴은 진심으로 그의 죽음을 슬퍼하고 애도했습니다.

비슷한 표현

미운 자식 밥 많이 먹인다
미울수록 더 친절히 대해야 감정이 상하지 않고, 후환도 없다는 뜻이다.

에이브러햄 링컨은 미국의 제16대 대통령이에요. 미국의 남북전쟁 당시 격전지였던 게티스버그에서 죽은 장병들을 위한 추도식이 열렸는데, 그때 링컨이 한 연설은 유명합니다. "우리 나라는 국민의 정부이면서, 국민에 의한 정부이면서, 국민을 위한 정부로서 결코 지구상에서 사라지지 않을 것입니다."

콩 심은 데 콩 나고 팥 심은 데 팥 난다

놀면서 공부를 잘하길 바라고, 남에게 무례하게 굴면서 남들은 내게 친절하길 바라면 욕심이겠죠? 세상 모든 일은 원인에 따라서 결과가 나타나는 법이랍니다.

교과서 국어 6학년 1학기(가) 2단원 이야기를 간추려요 – 저승에 있는 곳간

독수리와 쇠똥구리

독수리는 쇠똥구리가 애원했는데도 그의 친구인 토끼를 잡아먹었어요. 콩 심은 데 콩 나고 팥 심은 데 팥 난다고, 앙심을 품게 된 쇠똥구리는 이후 독수리가 알을 낳을 때마다 어떻게든 찾아가 알을 깨뜨렸죠. 제우스를 찾아간 독수리는 새끼를 안전하게 보호할 곳을 달라고 애원했어요. 제우스는 자기의 무릎 위에 알을 낳게 해 줬습니다. 하지만 쇠똥구리는 포기하지 않았고, 날아올라 동그랗게 굴린 똥을 제우스 무릎 위에 던졌어요. 그러자 똥을 털어 내리고 제우스가 벌떡 일어섰고, 그 바람에 무릎 위의 알들이 모두 떨어져 깨졌습니다. 독수리는 깨진 알들을 보며 제 잘못을 뼈저리게 후회했죠.

저승의 곳간

한 원님이 갑자기 죽어 저승에 갔습니다. 염라대왕은 그에게 아직 죽을 때가 아니니 저승에서 인정을 베풀면 돌려보내 주겠다고 했어요. 콩 심은 데 콩 나고 팥 심은 데 팥 나는 법이라죠? 원님이 이승에서 적선한 것이 쌓이는 저승의 곳간에 갔더니 그 안에는 짚 한 단뿐이었습니다. 그는 일단 덕진이란 자의 곳간에서 쌀을 빌리고 이승에 가서 갚기로 했죠. 다시 이승으로 돌아온 원님은 주막집에서 일하는 덕진을 찾아가 빌린 쌀 삼백 섬을 갚으려 했어요. 하지만 덕진은 자신은 모르는 일이라며 받지 않았습니다. 완강한 덕진의 태도에 원님은 대신 강 위에 덕진의 이름을 딴 다리를 놓아 주었지요.

비슷한 표현

인과응보(因果應報)
행동한 대로 대가를 받는다는 뜻이다.

 고대 이집트에서는 쇠똥구리를 신성시했다는 사실을 알고 있었나요? 쇠똥구리가 동물의 배설물을 동그랗게 굴리는 모습이 태양신 헬라가 태양을 움직이는 모습을 연상시켰기 때문이에요. 그래서 이집트에 가 보면 쇠똥구리 모양의 유명한 예술 작품이나 문화재를 찾아볼 수 있답니다.

닭 쫓던 개 지붕 쳐다보듯

열심히 닭을 쫓던 개도 닭이 지붕 위로 날아서 올라가면 어찌할 도리가 없죠. 이렇게 애써 하던 일이 허무하게 실패로 돌아가거나, 남보다 뒤떨어져 어쩔 수 없는 상황이 되면 '닭 쫓던 개 지붕 쳐다보듯'이라고 비유합니다.

교과서 국어 2학년 2학기(가) 3단원 말의 재미를 찾아서 – 금도끼 은도끼

황금 알을 낳는 거위

농장으로 한 거위가 들어오자, 농부는 거위를 잡아먹을 심산으로 집 기둥에다가 묶어 놨죠. 다음 날 농부가 거위를 잡으려고 보니 구석에서 뭔가가 반짝거렸습니다. "세상에, 황금 알이잖아!" 농부는 황금 알을 팔아 많은 돈을 얻었고, 날이 갈수록 욕심은 커져 갔죠. "그래, 거위의 배를 가르면 더 많은 황금 알을 얻을 수 있을 거야." 어리석게도 농부는 거위의 배를 가르고 말았습니다. 하지만 그 안에 황금 알은 없었어요. 농부는 닭 쫓던 개 지붕 쳐다보듯, 죽은 거위를 바라보기만 했습니다.

선녀와 나무꾼

한 나무꾼이 사냥꾼에게 쫓기던 사슴을 구해 줬습니다. 사슴은 고맙다면서 선녀가 목욕하는 연못을 알려 주고는, 날개옷을 몰래 감춰 두면 선녀를 아내로 맞이할 수 있을 거라 귀띔해 줬어요. 또한 결혼해서 아이를 셋 낳기 전에는 날개옷을 보여 주면 안 된다고 했죠. 나무꾼은 사슴의 말대로 해서 하늘로 올라가지 못한 선녀와 결혼했습니다. 아이를 둘 낳았을 때, 선녀가 날개옷을 보여 달라고 애원했어요. 결국 나무꾼은 감춰 둔 날개옷을 꺼내 왔고, 선녀는 얼른 날개옷을 입고선 두 아이와 함께 하늘로 돌아가 버렸습니다. 혼자 남겨진 나무꾼은 닭 쫓던 개 지붕 쳐다보듯, 선녀와 아이들이 사라진 하늘만 줄곧 올려다보았답니다.

비슷한 표현

낭패(狼狽)
계획하거나 기대한 일이 실패해 난감하게 됨. 또는 그런 형편을 말한다.

💡 닭은 왜 날지 않는 것인지 알고 있나요? 오래전 인류가 닭을 가축으로 기르게 되면서 닭은 굳이 날아다니며 먹이를 찾을 필요가 없어졌습니다. 그러면서 날개는 퇴화하고 대신에 걷고 땅을 파헤치는 데 쓰이는 다리 근육이 발달하게 된 것입니다.

울며 겨자 먹기

매워서 눈물이 날 지경이어도 겨자를 먹는다는 뜻이에요. 우리가 하기 싫은 일을 마지못해 하게 될 때를 가리켜 '울며 겨자 먹기'라고 하지요.

교과서 사회 5학년 2학기 1단원 옛사람들의 삶과 문화 - 고조선의 건국 이야기

솔로몬의 재판

두 여자가 한 아기와 함께 솔로몬을 찾아왔습니다. 둘은 한 아기를 두고 서로 자기의 아기라며 싸우던 중이었죠. 곰곰이 생각하던 솔로몬이 판결했습니다. "아기를 둘로 갈라 나눠 갖도록 해라!" 그러자 한 여자가 눈물을 흘리며 애원했습니다. "차라리 이 아기를 저 여자에게 주어 살게 해 주십시오." 아기를 살리기 위해 울며 겨자 먹기로 양보한 것이지요. 그 모습을 본 솔로몬은 우는 여자를 가리켰습니다. "그대가 진짜 아기의 어머니로군." 솔로몬은 진짜 어머니라면 자식에게 해가 되는 짓은 하지 않을 것을 알았던 거죠. 지혜로운 솔로몬 덕에 여자는 자신의 아기를 되찾을 수 있었습니다.

단군신화

하늘에서 내려온 환웅에게 곰과 호랑이가 찾아와 사람으로 만들어 달라고 부탁했어요. 환웅은 백 일 동안 쑥과 마늘을 먹으며, 햇빛을 보지 않으면 사람이 될 수 있다고 말했습니다. 곰과 호랑이는 동굴로 들어가 쑥과 마늘을 먹으며 백 일을 기다렸죠. 하지만 울며 겨자 먹기로 버티던 호랑이는 못 견디고 동굴 밖으로 뛰쳐나갔고, 결국 인내하던 곰만 사람이 되었습니다. 사람이 된 곰, 웅녀는 이번엔 아이를 갖고 싶다고 소원을 빌었어요. 그 소원을 들은 환웅은 웅녀와 혼인을 하였고, 곧 아이가 태어났어요. 그 아이가 바로 고조선의 임금인 단군왕검입니다.

 비슷한 표현

마음 없는 염불
하고 싶지 않은 일을 억지로 하는 것을 의미한다.

 단군왕검은 우리나라 최초의 나라인 고조선을 세운 임금이에요. 우리 민족의 시조로 받들어지고 있죠. 또한 단군왕검은 대대로 고조선을 다스린 사람들을 부르는 이름이기도 했어요. 단군은 하늘에 제사를 지내는 제사장을, 왕검은 나라를 다스리는 지배자를 뜻하지요.

벼룩의 간을 내어 먹는다

벼룩은 우리 눈에 잘 보이지 않을 정도로 조그만 곤충이죠. 그러한 벼룩의 간은 아주아주 작겠죠? 몹시 인색하거나, 형편이 안 좋은 사람의 작은 이익까지 빼앗으려고 할 때 '벼룩의 간을 내어 먹는다.'고 해요.

교과서 사회 5학년 2학기 2단원 사회의 새로운 변화와 오늘날의 우리 – 백성의 어려운 생활

냄새 맡은 값

어느 부자가 고기를 굽다가 밖에서 고기 냄새를 맡던 농부를 보았어요. 부자는 농부에게 멋대로 남의 고기 냄새를 맡았으니, 냄새 맡은 값을 내라고 억지 부렸죠. 벼룩의 간을 내어 먹을 심보였어요. 당황한 농부는 내일 드리겠다고 말한 뒤 집으로 돌아와 아들에게 이 일을 설명했어요. 아들은 좋은 수가 있다며 다음 날 부자를 찾아갔죠. 아들은 부자에게 돈을 주지 않고, 동전 주머니만 짤랑거리게 흔들었습니다. 부자가 장난치는 거냐며 화를 내니, 아들이 말했습니다. "우리 아버지는 고기 냄새만 맡으셨으니, 어르신도 동전 짤랑거리는 소리면 되겠지요?" 부자는 부끄러워 아무 말도 할 수 없었습니다.

홍길동전

홍 판서의 서자로 태어난 홍길동은 어려서부터 재주가 뛰어났습니다. 그런데 오히려 비범한 능력 때문에 목숨의 위협을 받게 되는 일이 생기자 집을 나오게 됐죠. 홍길동은 도적이 되어, 벼룩의 간도 내어 먹을 못된 탐관오리의 재물을 빼앗았습니다. 훔친 재물은 다시 가난한 백성들에게 나누어 주었어요. 나라에선 홍길동을 붙잡는 데 번번이 실패하자, 홍길동에게 병조 판서 직책을 주겠다며 회유했어요. 홍길동은 이를 받아들여 도적질을 그만두었습니다. 부하들을 이끌고 길을 떠난 홍길동은 율도국의 왕이 되었고, 나라를 잘 다스리며 살았다고 해요.

비슷한 표현

참새 앞정강이를 긁어 먹는다
하는 짓이 매우 잘고, 인색함을 비유하는 말이다.

 《홍길동전》은 우리나라 최초의 한글 소설이에요. 조선 광해군 때 정치가이자 학자였던 허균이란 사람이 지었지요. 홍길동전이 나오기 전까지 소설은 한문으로 되어 있어 한자를 모르는 백성들은 읽지도 못했어요. 하지만 홍길동전은 한글로 지었기 때문에 백성들도 쉽게 읽을 수 있었답니다.

소 잃고 외양간 고친다

소가 도망가고 나서 외양간을 고쳐도 도망간 소는 다시 돌아오지 않죠. 이처럼 '소 잃고 외양간 고친다.'는 일이 잘못된 후에 손 써봐야 소용없다는 걸 의미해요.

교과서 국어 4학년 2학기(나) 7단원 독서 감상문을 써요 작품 – 투발루에게 수영을 가르칠 걸 그랬어!

장인 잃은 사위

옛날에 한자 쓰는 걸 좋아하는 사위가 있었습니다. 처가에 찾아간 사위는 배불리 밥을 먹고 장인과 같은 방에서 잠을 자고 있었어요. 근데 갑자기 호랑이가 나타나서는 장인을 물고 갔습니다. 놀란 사위는 황급히 밖에 나가 소리쳤지만, 그 누구도 나타나지 않았습니다. 사위가 평소대로 어려운 한자로 말하는 바람에 아무도 알아듣지 못했던 거예요. 다음 날 장인이 호랑이에게 물려 간 것을 알게 된 동네 사람들이 사위를 찾아왔어요. '사람 살려!'라고 외쳤으면 될 것을 왜 한자로 말했냐는 것이었죠. 사위는 앞으로 한자를 쓰지 않겠다며 후회했지만, 장인은 이미 호랑이에게 물려 갔으니 소 잃고 외양간 고치는 격이었어요.

여행비둘기

여행비둘기는 아메리카와 유럽을 왕복하던 철새였어요. 그 수가 아주 많아 세상에서 가장 흔한 새라고도 불렸죠. 사람들은 고기와 깃털을 얻기 위해 여행비둘기를 마구 사냥했어요. 여행비둘기 개체 수가 급격하게 줄자 뒤늦게 보호법이 만들어졌지만, 이미 소 잃고 외양간 고치기였어요. 결국 1914년, 동물원에 있던 마지막 여행비둘기 '마사'가 죽게 되면서, 지구상에서 여행비둘기는 사라지게 되었습니다. 이런 일이 반복되지 않기 위해선 우리가 관심을 가져 위기에 처한 동물을 보호해야 해요.

원산맹호가 래오처가 하야 오지장인을 착거하니 속속래구 속속래구요!

 비슷한 표현

사후 약방문
죽은 뒤에 약방문을 쓴다는 의미로, 이미 때를 놓친 뒤에 대책을 세우거나 후회를 해 봐야 소용없다는 것을 뜻한다.

 국제자연보호연맹(IUCN)이 작성한 'IUCN 적색 목록'은 멸종할 가능성이 있는 동물을 관찰하고 보호하기 위해 만들어 졌어요. 절멸, 야생 절멸, 절멸 위급, 절멸 위기 등 9단계로 나누어 동물을 분류하고 있죠.

귀신이 곡할 노릇

어느 날 아끼던 책이 없어졌어요. 여기 저기 찾아보고 누가 가져가지는 않았는지 물어 봐도 아무도 책의 행방을 모른대요. 갑자기 책이 없어지다니 정말 이상한 일이지요. 이렇게 기묘하고 알 수 없는 일을 '귀신이 곡할 노릇'이라고 말해요.

교과서 국어 4학년 1학기(가) 5단원 내가 만든 이야기 - 초록 고양이

우렁각시

한 농부가 "농사지어 누구랑 먹지?" 혼잣말을 하자, 어디선가 "나랑 먹지." 대답하는 소리가 들려왔어요. 주변에는 아무도 없었고, 우렁이 한 마리만 있었죠. 농부는 우렁이를 주워 와 항아리에 넣어 두었어요. 다음 날, 농부가 일을 마치고 돌아오니, 밥상이 차려져 있었습니다. 귀신이 곡할 노릇이었죠. 고민하던 농부는 일하러 가는 척하며, 집을 몰래 들여다봤어요. 그랬더니 우렁이가 아가씨로 변해 부엌에서 요리하고 있었습니다. 한눈에 반한 농부는 아가씨에게 청혼했고, 둘은 결혼해서 오순도순 잘 살았다고 해요.

마지막 잎새

화가 존시는 폐렴으로 죽을 위기였습니다. 존시는 창밖에 보이는 담쟁이덩굴을 보며, 덩굴의 잎들이 모두 떨어지면 자신도 죽게 될 거라고 했죠. 그 이야기를 들은 친구인 화가 베어먼은 바보 같은 소리라고 했어요. 어느 밤에 거센 비바람이 불어 담쟁이덩굴 잎새가 한 장만 남아 있었습니다. 존시는 자신이 죽음을 앞두었단 사실에 눈물을 흘렸죠. 비바람은 다음 날까지 이어졌습니다. 그런데 아침에 보니 떨어질 줄 알았던 잎새가 굳건하게 버티고 있었어요. 귀신이 곡할 노릇이었죠. 사실 그 잎새는 베어먼이 비바람을 맞으며 그린 그림이었어요. 마지막 잎새에서 희망을 얻은 존시는 마침내 병을 이겨 냈답니다.

반대 표현

명약관화(明若觀火)
불을 보는 것처럼 밝다는 의미로, 의심할 여지없이 명확하다는 뜻이다.

 〈마지막 잎새〉의 작가 오 헨리는 여러 직업을 전전하다가, 3년간 감옥 생활을 하면서 단편 소설을 쓰게 되었어요. 석방 후 본격적으로 작가로서 활동한 그는 〈경찰관과 찬송가〉, 〈현자의 선물〉, 〈20년 후〉 등 훌륭한 작품을 남겼습니다.

윗물이 맑아야 아랫물이 맑다

위에서 아래로 흐르는 물에서 윗물이 흐리다면 아랫물이 맑긴 어렵죠. 윗사람이 먼저 바르게 행동하면 아랫사람이 그 모습을 본받아 잘하게 된다는 말입니다.

교과서 국어 4학년 1학기(가) 1단원 생각과 느낌을 나누어요 – 가훈 속에 담긴 뜻

아버지의 가르침

최영의 아버지는 최영에게 항상 물질적 풍요보다도 마음의 풍요를 강조했어요. 어느 날 최영은 마을 사람들이 품삯을 받고 부잣집 일을 거들어 주는 모습을 보고 아버지에게 물었어요. "아버지, 돈으로 사람을 부릴 수 있다면 돈은 아주 강한 것이네요?" 최영의 물음에 아버지가 말했어요. "돈은 무서운 존재란다. 적당히 가지고 있다면 유용하지만 너무 많으면 화를 부를 수 있고, 또 힘이 아주 강해 너를 노예로 만들 수도 있지." 최영은 아버지의 말을 가슴 깊이 새겨 황금을 돌같이 보며 곧고 올바른 성품을 닦아 고려 최고의 장군이 되었답니다.

세종의 초가집

조선 시대의 세종은 백성을 생각하는 훌륭한 임금님이었습니다. 세종은 한때 궁 안에 허름한 초가집 한 채를 짓게 하고 그곳에서 지내기도 했습니다. 흉년을 힘겹게 버티는 백성들의 고통을 조금이라도 더 이해하고 함께하고 싶었기 때문입니다. 그래서 심지어 지푸라기도 푹신하다고 마다하고 딱딱하고 차가운 맨바닥에서 잠을 청했습니다. 윗물이 맑아야 아랫물이 맑다는 말이 있듯이, 세종의 그런 모습을 보고 좌의정인 맹사성도 가마나 말 대신 소를 타고 다닐 정도로 검소하게 지냈다고 합니다. 이런 일로도 백성을 위하는 세종과 신하들의 마음이 얼마나 따뜻했는지 알 수 있습니다.

비슷한 표현

부모가 착해야 효자 난다
부모가 착해야 보고 배우는 자식이 착하게 자란다는 뜻이다.

 세종은 어렵고 복잡한 한자를 제대로 익히지 못하는 백성들을 위해 훈민정음을 창제했습니다. 양반들의 반대에도 굴하지 않고 많은 백성을 위해 스스로 밤낮을 가리지 않고 연구하며 만들었답니다.

무쇠도 갈면 바늘 된다

단단한 무쇠를 가느다란 바늘로 만드는 건 얼핏 들으면 불가능한 일처럼 느껴져요. 하지만 우리가 지닌 끈기와 노력이라는 무기는 불가능하게만 느껴졌던 일도 가능하게 만들어 준답니다.

교과서 국어 3학년 1학기(나) 9단원 어떤 내용일까 – 나비 박사 석주명

이백이 만난 할머니

이백은 공부에 싫증을 느껴 스승님께 말도 없이 집으로 돌아가고 있었습니다. 그러다 냇가에서 한 할머니를 발견했어요. 이백이 할머니께 무얼 하고 계시느냐 묻자, 할머니가 답했습니다. "도끼를 갈아 바늘을 만들고 있지." 이백은 그게 가능하느냐고 물었어요. 할머니는 중간에 그만두지 않고 계속 갈면 언젠가 바늘이 될 것이라고 했죠. 큰 감명을 받은 이백은 할머니 말씀을 가슴에 아로새기며 왔던 길을 다시 돌아갔습니다. 이백은 그날 이후 공부를 포기하고 싶어지면, 할머니의 말씀을 떠올리며 학업에 정진했다고 해요.

홈런왕 베이브 루스

베이브 루스는 어릴 적에 만난 선생님의 제안으로 야구를 시작했습니다. 야구 선수가 된 베이브 루스는 매일매일 배트를 휘두르며, 무쇠를 갈아 바늘로 만들 만큼의 노력을 했어요. 그가 선수로 지내면서 친 홈런은 무려 714개였죠. 하지만 이런 베이브 루스의 전설적인 기록 뒤에는 1,330번의 삼진 아웃이 숨어 있었습니다. 베이브 루스는 1,330번이나 아웃 당하는 동안에도 포기하지 않았기 때문에 홈런을 714개 칠 수 있었던 거죠. 결코 실패를 두려워하지 않는 자세가 베이브 루스를 홈런왕으로 만들어 주었답니다.

비슷한 표현

열 번 찍어 안 넘어가는 나무 없다
꾸준히 노력하면 안 될 것 같던 일도 이루어진다는 의미이다.

 이백은 중국 당나라의 시인이며 무려 1,100여 편의 작품이 현존하고 있습니다. 대표작으로는 〈장진주〉, 〈월하독자〉, 〈상삼협〉, 〈협객행〉 등이 손꼽히죠. 자유롭고 낭만적인 그의 시는 문학계에 많은 영향을 미쳤습니다.

꼬리가 길면 밟힌다

꼬리가 긴 짐승이 제 아무리 꼬리를 숨기려고 해 봤자 결국 다시 꼬리는 흘러나와 밟히게 되죠. 남모르게 나쁜 짓을 하려고 해도 여러 번 계속하게 되면 결국 들키고 만답니다.

교과서 국어 2학년 2학기(가) 3단원 말의 재미를 찾아서 - 해와 달이 된 오누이

박문수의 삼촌

암행어사 박문수는 자신도 알지 못하는 삼촌이 안동에 살고 있다는 소문을 듣게 되었어요. 박문수는 부하를 시켜 소문에 대해 알아보았습니다. 꼬리가 길면 밟힌다더니, 헛소문을 퍼트린 게 돈 많은 백정이라는 걸 알게 됐죠. 그 백정은 양반이 되고 싶어 박문수의 삼촌인 척 행세를 하며 마을 사람들에게 인심을 베풀었어요. 박문수가 찾아오자 백정은 능청스럽게 남들 앞에서 그의 삼촌인 척 굴었어요. 그리고 사람들이 돌아가자 손이 발이 되도록 싹싹 빌며 박문수에게 용서를 구했죠. 박문수는 그에게 나쁜 마음은 없었다는 걸 알고 눈감아 주었답니다.

프시케

공주 프시케는 눈부시게 아름다웠어요. 사람들은 프시케가 미의 여신보다 아름다울 거라 떠들었고, 그 말을 들은 아프로디테는 화가 나 자신의 아들인 에로스에게 명령했죠. "프시케가 가장 추한 남자와 사랑에 빠지게 하거라!" 하지만 에로스마저 아름다운 프시케에게 반했어요. 그래서 에로스는 어머니 몰래 자신의 정체를 감춘 채 프시케와 결혼했어요. 하지만 꼬리가 길면 밟힌다고, 프시케의 호기심으로 인해 정체가 탄로 난 에로스는 그대로 자취를 감췄어요. 프시케는 그를 다시 만나려 아프로디테가 내린 시련을 이겨 냈고, 겨우 재회하게 된 둘은 신들에게 결혼을 허락받아 행복하게 살았습니다.

비슷한 표현

장두노미(藏頭露尾)
머리를 감추었지만 꼬리는 드러나 있다는 뜻으로, 진실을 숨기려 하지만 들통나기 직전임을 말한다.

 아프로디테가 가장 아름다운 여신이라는 칭호를 지키는 것은 쉽지 않았어요. '가장 아름다운 여신에게'라고 적힌 황금 사과를 두고 헤라와 아테나, 아프로디테가 다투다가 파리스 왕자에게 판정을 맡겼지요. 그는 '아름다운 여인과의 결혼'을 약속한 아프로디테의 손을 들어 주었고, 이로 인해 '트로이 전쟁'까지 발생했어요.

공든 탑이 무너지랴

차곡차곡 공들여 쌓은 탑은 허술한 것과는 비교도 안 되게 튼튼하고, 쉽사리 무너지지 않을 거예요. '공든 탑이 무너지랴.'는 정성을 다하여 한 일은 헛되지 않고 좋은 결과를 얻는다는 뜻입니다.

교과서 국어 2학년 1학기(가) 2단원 자신 있게 말해요 – 아주 무서운 날

모순

중국 전국 시대 한 무기 상인이 창과 방패를 팔러 시장으로 나갔습니다. 상인은 사람들에게 창과 방패를 소개했습니다. "공든 탑이 무너지랴, 이 방패는 장인이 아주 견고하게 만들어 그 어떤 창이라도 막아 낼 수 있습니다. 그리고 이것은 세상에 오직 단 하나 있는, 모든 방패를 뚫고 마는 예리한 창이지요!" 그러자 구경꾼 중에 한 사람이 고개를 갸우뚱거리며 상인에게 물었어요. "그 예리한 창으로 그 견고한 방패를 찌르면 도대체 어떻게 되는 거요?" 그 사람의 물음에 할 말이 없어진 상인은 창피해하며 그 자리를 서둘러 벗어났답니다.

피그말리온

피그말리온은 키프로스 섬의 조각가였어요. 여인들에게 관심 없던 그는 오로지 조각하는 데에만 열중했죠. 공든 탑이 무너지랴, 피그말리온이 하얀 상아로 만든 조각상은 그가 지금껏 꿈꿔 온 여인과 똑같았어요. 어느덧 마을의 축제가 다가왔고 그는 정성스레 준비한 제물을 아프로디테 여신에게 바치며 소원을 빌었어요. "조각상을 닮은 아내를 맞이하게 해 주십시오." 집에 돌아온 그는 온기를 머금고 사람처럼 움직이는 조각상을 보며 깜짝 놀랐어요. 여신이 그의 소원을 들어준 것이죠. 그렇게 그는 자신이 사랑한 조각상과 결혼하여 행복하게 살았답니다.

 반대 표현

공든 탑도 개미구멍으로 무너진다
작은 방심과 실수가 일을 망친다는 의미이다.

 피그말리온의 이름을 가져온 심리학 용어 '피그말리온 효과'는 타인에 대해 기대하거나 예측하는 것이 그대로 실현되는 경우를 말해요. 예를 들어 부모가 자식의 학업에 대해 긍정적인 기대를 표현해 주면, 자식이 기대에 부응하기 위해 노력해서 정말 성적을 올리는 것도 피그말리온 효과의 하나라고 볼 수 있어요.

언 발에 오줌 누기

빨리 해결하는 데에만 급급하여 문제를 얼렁뚱땅 처리하고 만다면 그 효력은 오래 가지도 않을 뿐더러 처음보다 상황이 안 좋아질 수 있답니다. 현명한 자세로 좀 더 나중을 내다볼 줄도 알아야 해요.

교과서 국어 1학년 2학기(나) 10단원 인물의 말과 행동을 상상해요 – 선녀와 나무꾼

성냥팔이 소녀

모두가 새해를 기다리던 밤, 성냥팔이 소녀는 추운 거리를 돌아다니며 성냥을 팔고 있었어요. 계모가 성냥을 다 팔기 전까지 돌아오지 말라고 했기에 소녀는 어쩔 수 없이 집에도 못 가고 꽁꽁 언 손을 입김으로 녹여야 했죠. 추위가 이어지자 소녀는 성냥 한 개비를 꺼내 불을 피웠습니다. 그런데 빨간 불꽃 속에서 아름다운 환상들과 함께 돌아가신 할머니의 모습이 일렁이는 것이었어요. 성냥은 금세 타 버리고, 소녀는 할머니를 보고 싶어서 남아 있는 성냥을 피웠지만, 언 발에 오줌 누기였습니다. 결국 마지막 남은 성냥까지 마저 태운 소녀는 할머니의 손을 잡고 함께 떠나는 꿈을 꾸었어요. 다음 날 아침 동틀 무렵 사람들은 한쪽 구석에서 잠든 듯이 죽어 있는 소녀를 발견하였습니다.

땔감 구하는 법

옛날에 어느 노인이 자기 아들에게 물었습니다. "아들아, 너는 땔감을 백 걸음 떨어진 곳에서 구해 오겠느냐? 아니면 천 걸음 떨어진 곳에서 구해 오겠느냐?" 아들은 당연히 백 걸음 떨어진 곳에서 구하겠다고 답했죠. 그러자 노인은 이렇게 말했습니다. "먼 곳에서부터 땔감을 해야 나중에 우리 집 근처에 땔감이 남아 있지 않겠느냐." 아들은 그 말을 듣고는 먼 곳에 나가서 땔감을 해 왔습니다. 언 발에 오줌 누기보다는 먼 미래를 볼 줄도 알아야 합니다.

 비슷한 표현

아랫돌 빼서 윗돌 괸다
갑자기 터진 일을 이리저리 맞추어 해결하려 한다.

 성냥은 나뭇개비 끝에 인 같은 발화제를 발라 붙여서 마찰열로 불을 일으키는 물건이에요. 오늘날에는 성냥 대신 라이터를 많이 사용하지만, 아직도 케이크의 초를 켤 때 자주 사용한답니다.

낙타가 바늘구멍 들어가기

낙타보다 한참 더 큰 바늘이 존재하지 않는다면, 낙타가 바늘구멍을 통과하는 건 불가능에 가까운 일이겠죠. 이렇게 매우 어려운 일을 '낙타가 바늘구멍 들어가기'라고 비유하곤 한답니다.

교과서 국어 6학년 1학기(나) 8단원 인물의 삶을 찾아서 – 제게 12척의 배가 있으니

스승을 문밖으로

옛날에 한 훈장님이 아이들의 재치를 시험해 보고자 문제를 냈어요. "누구든지 나를 방 밖으로 나가게 하면 큰 상을 주겠다." 아이들은 다양한 시도를 해 봤지만, 훈장님은 방 안에서 꼼짝도 하지 않았어요. 완전히 낙타가 바늘구멍 들어가기였죠. 그런데 가만히 앉아 있는 아이가 훈장님 눈에 들어왔습니다. 아이는 "훈장님을 문밖으로 나가게 할 방법이 떠오르지 않습니다. 대신 훈장님이 밖에 계시면 방으로 들여보낼 방법은 압니다."라고 말했어요. 훈장님은 한번 해 보라며 밖으로 나갔습니다. 그 순간 아이가 외쳤어요. "훈장님, 지금 밖에 나가신 것 맞지요?" 훈장님은 제자의 재치를 깨닫고선 허허 웃었답니다.

여섯 단어로 쓴 소설

소설가 어니스트 헤밍웨이가 동료 작가들과 술을 마시다가 내기를 하나 했습니다. 여섯 개의 단어로 사람들을 울릴 수 있느냐는 것이었죠. 낙타가 바늘구멍 들어가기가 아닐까 싶었지만, 헤밍웨이는 얼마 지나지 않아 거침없이 냅킨에 글을 적었어요. "아기 신발 팝니다. 한 번도 신어본 적 없음."(For sale: baby shoes, never worn.) 내기는 헤밍웨이의 분명한 승리였죠.

 비슷한 표현

솔밭에 가서 고기 낚기
물고기를 산에 가서 구한다는 뜻으로, 불가능한 일을 이루려는 어리석음을 말한다.

 어니스트 헤밍웨이는 미국의 소설가입니다. 그의 작품으로는 《무기여 잘 있거라》, 《누구를 위하여 종은 울리나》 등이 있습니다. 대표작 《노인과 바다》으로 퓰리처상과 노벨문학상을 수상했습니다.

닭 잡아먹고 오리발 내놓기

뻔한 거짓말로 눈앞에 닥친 상황만을 모면하려고 해 봤자 통하지 않아요. '닭 잡아먹고 오리발 내놓기'는 안 좋은 일을 해 놓고선 엉뚱한 방법으로 시치미를 떼려고 할 때를 비유해요.

교과서 국어 1학년 2학기(나) 10단원 인물의 말과 행동을 상상해요 - 백설공주

아르키메데스 유레카

아르키메데스는 왕의 부름을 받고 왕궁에 갔습니다. 왕은 세공 장인에게 순금을 주고 왕관을 만들라 시켰는데, 장인이 왕관에 몰래 은을 섞어 놓고선 닭 잡아먹고 오리발 내놓는 것은 아닌지 밝혀 달라고 했어요. 아르키메데스는 왕관이 순금인지 아닌지를 어떻게 알아낼지 밤낮으로 궁리했어요. 목욕탕에 간 날, 탕 속에 몸을 넣자 물이 흘러넘치는 걸 보고 아르키메데스가 소리쳤습니다. "유레카!" 알몸으로 달려 집에 돌아온 그는 왕관과 왕관의 무게와 같은 순금을 같은 양의 물을 담은 항아리 속에 집어넣었어요. 그러자 다른 양의 물이 넘쳤습니다. 왕관에 은을 섞었다는 사실을 밝혀낸 것이었죠.

비파 도둑

조조의 집 후원에는 비파나무가 한 그루 있었어요. 얼마나 이 나무를 아끼는지 아무도 손대지 못하게 하였으며, 열매가 몇 개나 맺었는가도 다 알고 있었죠. 하루는 부하 한 명이 그 나무의 비파를 두 개 따 먹었는데, 이를 조조가 바로 알아봤죠. 조조는 부하들을 모두 불러 모았지만, 범인은 닭 잡아먹고 오리발을 내놓듯 시치미를 뗐습니다. 그러자 조조는 넌지시 떠봤어요. "생각해 보니 이 비파나무는 별 실속도 없고 방해만 되니 그만 베어 버리는 게 좋겠군." 한 부하가 외쳤습니다. "아니, 그렇게 맛있는 비파를 왜 베어 버리려고 하십니까?" "네가 범인이구나!" 범인은 자기의 죄를 인정하지 않을 수 없었습니다.

✏️ 비슷한 속담

눈 가리고 아웅
얕은수로 남을 속이려 한다는 말이다.

 아르키메데스 원리는 어떤 물체를 액체나 기체에 넣었을 때 그 물체가 차지한 부피만큼의 부력을 받는다는 원리입니다. 아르키메데스가 외친 '유레카'는 알았다는 의미입니다.

똥 묻은 개가 겨 묻은 개 나무란다

친구가 자기 잘못은 까맣게 잊고 나의 작은 실수를 나무란 적 있나요? '똥 묻은 개가 겨 묻은 개 나무란다.'라는 말은 자기에게 큰 결점이 있으면서도 그보다 작은 결점을 가진 사람을 흉본다는 뜻이에요.

교과서 국어 1학년 2학기(가) 3단원 문장으로 표현해요 – 사자의 지혜

성미 급한 농부

어느 마을에 성질이 급한 농부가 있었습니다. 그는 논에다 벼를 심었는데, 어느 세월에 다 자라서 수확할지 조급했어요. 그래서 농부는 논에 있는 벼 포기를 손으로 조금씩 뽑아 올렸죠. 이 사실을 아내에게 말하자 아내는 농부를 꾸짖었습니다. 그런데 똥 묻은 개가 겨 묻은 개 나무란다고, 농부는 오히려 아내가 게으르다며 화를 냈어요. 하지만 다음 날 논에 가 보니 벼 포기는 죽어 있었고, 그제야 농부는 자신의 성급함을 후회했답니다.

오십보백보

중국 위나라 혜왕은 나름대로 나라를 강하게 만들려 노력했지만, 쉽게 바뀌지 않았어요. 때마침 맹자가 위나라에 찾아왔기에 왕은 맹자에게 나라를 강하게 만드는 방법을 물어보았죠. 그러자 맹자가 한 이야기를 들려주었습니다. "전쟁에서 한 병사가 백 보 뛰어 도망갔습니다. 그리고 또 다른 병사가 오십 보쯤 도망가다 멈췄죠. 그런데 똥 묻은 개가 겨 묻은 개 나무란다고, 오십 보 간 사람이 백 보 도망친 사람을 보고 겁쟁이라며 비웃었습니다." 이야기를 들은 왕이 말했어요. "도망친 건 둘 다 마찬가지 아니오?" 맹자는 위나라와 이웃 나라 역시 '오십보백보'라며, 만약 왕이 백성을 위한 정치를 펼친다면 자연스레 많은 백성들이 모여 강한 나라를 이룰 것이라고 말했죠.

 비슷한 표현

사돈 남 말한다
자기도 같은 잘못을 했으면서 남부터 나무란다는 말이다.

 벼, 보리, 수수 등 곡식은 빻아서 껍질을 벗기는데, 이때 나오는 곡식의 껍질을 겨라고 해요. 겨에는 지방과 단백질이 풍부하고, 인 등의 석회질도 많아서 가축의 먹이나 비료로 많이 쓰인답니다.

백 번 듣는 것이 한 번 보는 것만 못하다

백 번 설명을 들었던 일이라도 막상 내 손으로 해 보려고 하면 쉽지 않아요. 경험을 쌓아야 능숙해질 수 있는 법이죠. '백 번 듣는 것이 한 번 보는 것만 못하다.'는 간접으로 듣는 것보다 직접 경험해 봐야 확실하게 알 수 있다는 뜻입니다.

교과서 국어 5학년 2학기(나) 7단원 중요한 내용을 요약해요 – 존경합니다, 선생님

막대기 다발

한 농부에게는 서로 다투기 좋아하는 세 아들이 있었어요. 농부는 아들들이 사이좋게 지냈으면 하는 마음에 한 방법을 떠올리고선 세 아들을 불러 나무 막대기를 하나씩 나누어 주었습니다. "그것을 부러뜨려 보아라." 아들들은 간단하게 막대기를 부러뜨렸어요. 이번에는 막대기 여러 개가 하나로 묶인 다발을 주었습니다. 이번에는 부러지기는커녕 꿈쩍도 하지 않았어요. "혼자보다는 여럿이 함께하면 더 큰 힘을 발휘할 수 있단다." 백 번 듣는 것이 한 번 보는 것만 못하다고, 세 아들은 큰 가르침을 깨닫고 사이좋게 지냈다고 해요.

조충국 장군

옛날 전한의 황제인 선제는 서쪽에서 쳐들어온 강족이 백성을 괴롭혀 골치가 아팠어요. 나라에서 제일 강하고 지혜로운 조충국 장군을 불러 방법이 있냐고 물었죠. 장군은 "백 번 듣는 것이 한 번 보는 것만 못하지요. 제가 직접 강족이 나타나는 서쪽에 가서 방법을 살펴보겠습니다."라고 말했어요. 선제의 허락을 받고 장군은 직접 서쪽에 갔다가 돌아왔습니다. "그곳에는 기병보다 농사를 지으며 늘 백성을 지킬 수 있는 둔전병을 두어야 합니다." 장군의 조언대로 둔전병을 두었더니 강족은 더는 쳐들어오지 않았고, 사람들은 조충국의 지혜로움을 칭찬했답니다.

너희가 힘을 합치면 그 막대기 다발처럼 강한 힘을 발휘할 수 있단다.

비슷한 표현

백문(百聞)이 불여일견(不如一見)
여러 번 듣는 것보다 한 번 직접 보는 것이 확실하다는 뜻이다.

 우리의 몸을 지탱하고, 몸속 기관들을 보호해 주는 뼈. 사람이 태어났을 때 뼈는 350개 정도이지만, 크면서 여러 개의 뼈가 하나로 합쳐지며 그 개수는 206개로 줄어든다고 합니다. 우리의 인식과 달리 갓난아기가 다 큰 어른보다 뼈를 많이 가지고 있다는 게 신기하죠?

감나무 밑에 누워서 홍시 떨어지기를 기다린다

아무런 노력도 하지 않으면서 좋은 결과를 바라는 건 욕심이겠죠? 노래를 잘 부르려면 연습을 해야 하고, 건강해지려면 운동해야 하는 것처럼 우리가 바라는 건 저절로 손에 쥐어지지 않아요. 그저 우연히 뭔가 얻길 바라는 것보다는 직접 해내려는 자세가 중요하답니다.

교과서 국어 6학년 1학기(가) 5단원 속담을 활용해요 – 독장수구구

토끼 기다리는 농부

송나라의 한 농부가 밭을 갈고 있었어요. 그런데 토끼 한 마리가 나타나더니, 밭에 있는 나무 그루터기에 실수로 머리를 박아 죽는 게 아니겠어요? "세상에, 아무것도 안 했는데 토끼 한 마리를 얻다니!" 농부는 그날부터 일도 하지 않고 토끼가 죽은 나무 그루터기 옆에 앉아 또다시 토끼가 나타나길 기다렸어요. 감나무 밑에 누워서 홍시 떨어지기를 기다리는 꼴이었죠. 그동안 밭은 메마르고 잡초가 무성하게 자라나 황폐해졌습니다. 농부는 사람들에게 웃음거리가 되고 말았죠.

산을 옮긴 노인

옛날에 우공이라는 노인이 살고 있었는데, 그의 집 앞에는 커다란 산 두 개가 있어서 다른 마을로 오가기가 힘들었습니다. 우공은 감나무 밑에 누워서 홍시 떨어지기를 기다리듯 길이 새로 나기를 바라기보다는 자식들과 함께 두 산을 직접 옮기기로 했어요. 매일 산의 흙과 돌을 퍼다 나르는 그 모습에 친구는 헛수고라며 말렸지만, 우공은 자신이 아니더라도 자식, 자식의 자식, 또 그 자식의 자식이 계속해 나간다면 언젠가 산이 평평해질 거라 말했죠. 한편, 그 산의 산신령은 자신이 지낼 곳이 사라질까 불안하여 하늘의 신에게 도움을 구했어요. 신은 우공의 이야기를 듣고 그의 노력에 감동하여서 거인 아들을 시켜 그 산을 다른 곳으로 옮겨 주었답니다.

 비슷한 표현

가마 속의 콩도 삶아야 먹는다
아무리 쉬운 일이라도 손대지 않으면 이익이 돌아오지 않는다는 말이다.

 나무의 그루터기에서 여러 겹의 동그라미 무늬를 본 적 있나요? 우리는 이것을 나이테라고 부르는데, 이 나이테에는 다양한 정보가 담겨 있습니다. 계절 변화에 따라 생장의 차이로 일 년에 고리 한 개가 생기기 때문에 나무의 나이를 알 수 있고, 폭을 관찰하면 그해의 기후도 짐작할 수 있답니다.

참새가 방앗간을 그저 지나랴

곡식을 좋아하는 참새에겐 방앗간만큼 근사한 장소도 없겠죠? '참새가 방앗간을 그저 지나랴.'는 사람이 자기가 좋아하는 것을 보고 그대로 가만있지 못할 때, 그리고 욕심 많은 사람이 눈앞에 이익을 탐내며 지나치지 못할 때를 비유할 때 말해요.

교과서 국어 1학년 2학기(가) 5단원 알맞은 목소리로 읽어요 - 슬퍼하는 나무

세 도둑의 꾀

세 명의 도둑이 있었어요. 매일같이 도둑질을 일삼고 남들을 골려주는 것이 그들의 일이었어요. 하루는 염소를 한 마리 짊어지고 지나가는 농부를 보았어요. 참새가 방앗간을 그저 지나랴, 그 모습을 본 도둑들은 꾀를 떠올렸습니다. 농부가 나무 아래를 지나갈 때 도둑 중 한 명이 농부에게 말했습니다. "사나운 개를 어깨에 메고 어디 가는 거요?" 농부는 개가 아니라 염소라고 대답했죠. 곧 갈림길에서 다른 도둑이 나타났어요. "사나운 개를 데리고 어디 가오?" 농부는 이상하다고 생각하며 이번에도 염소라고 답했습니다. 집 근처에 다다르자 세 번째 도둑이 나타나 말했습니다. "그 사나운 개가 무섭지도 않소?" 그 말에 농부는 진짜 자신이 사나운 개를 짊어지고 있는 줄 알고 염소를 두고 멀리 도망쳤답니다.

충치가 생겼어요

영희는 사탕과 초콜릿을 좋아해서 매일 먹었어요. 아빠가 말했습니다. "그렇게 많이 먹으면 충치 생겨. 우리 일주일에 한 번씩만 먹도록 하자." 영희는 아빠와 약속했죠. 다음 날, 영희는 친구들과 과자가게에 갔어요. 참새가 방앗간을 그저 지나랴, 영희는 아빠와의 약속을 어기고 몰래 초콜릿을 사 먹었습니다. 다음 날엔 몰래 사탕을 사 먹고, 그다음 날엔 몰래 캐러멜을 먹었죠. 얼마 뒤, 영희는 이가 욱신욱신 아파서 결국 아빠와 함께 치과에 갔어요. "입을 크게 벌려 보세요." 의사 선생님 말대로 입을 벌리니 며칠 전에 없던 까만 충치 여러 개가 보였습니다. 영희는 아빠와의 약속 어긴 것이 들통나서 혼났답니다.

비슷한 표현

견물생심(見物生心)
어떠한 것을 실제로 보게 되면 가지고 싶은 욕심이 생긴다는 말이다.

 방아는 곡물을 절구에 넣고 찧거나 빻는 기구를 말해요. 디딜방아, 연자방아, 물레방아 등 다양한 종류가 있죠. 방앗간은 이러한 방아를 설치한 곳으로, 예부터 사람들이 이용하기 편한 위치에 자리하고 있었습니다.

해가 서쪽에서 뜨다

동쪽에서 떠오르는 해가 서쪽에서 뜬다는 것은 있을 수 없는 일이죠. 이처럼 전혀 예상 못한 일, 절대 일어나지 않을 희한한 일을 하거나 하려고 할 때 쓰는 말입니다.

교과서 국어 6학년 1학기(가) 2단원 이야기를 간추려요 – 우주 호텔

개과천선

성질이 고약했던 주처는 어느 날 사람들이 세상에서 해로운 세 가지로 호랑이, 교룡, 그리고 자신을 꼽는다는 얘기를 들었어요. 그 말에 지금껏 사람들에게 못되게 굴었던 것을 후회했어요. 그러다 호랑이와 교룡을 해치우면 사람들이 자신을 다르게 봐줄 거라 생각했죠. 주처는 그 둘을 해치우고 돌아왔지만, 사람들의 생각은 변하지 않았어요. 해가 서쪽에서 떴으면 떴지 주처가 변했을 리가 없다고 고개를 저었지요. 실망한 주처는 자신의 고민을 유명한 학자에게 가서 상담했어요. 학자는 자신의 잘못을 뉘우치고 계속 노력하면 분명 새 사람이 될 수 있을 거라고 용기를 주었지요. 이후 주처는 열심히 공부한 끝에 훌륭한 학자가 되었고 사람들의 존경을 한몸에 받았습니다.

참을 인 세 번

옛날에 성미가 불같은 선비가 있었어요. 하도 평판이 안 좋아지자 선비는 더는 화를 내지 않겠다고 결심했죠. 해가 서쪽에서 뜬 것처럼 사람이 바뀌자, 마을 사람들은 선비의 인내심을 시험했고 선비는 겨우 견뎌 냈습니다. 그런데 어느 날 집에 들어가자 낯선 남자가 있는 것 아니겠어요? 선비는 아내가 바람피운 줄 알고 화가 치밀어 올랐지만, 마음속으로 참을 인 자를 새기며 참아 냈어요. 그리고 아내의 여동생을 남자로 착각했다는 걸 깨닫고 안도했죠. 인내가 실수를 면하게 해 준 것입니다.

반대 표현

항다반사(恒茶飯事)
차를 마시고 밥을 먹는 일. 평소에 있을 법한 흔한 일을 말한다.

 교룡은 중국 전설 속에 등장하는 용이라고 합니다. 생김새는 뱀과 비슷하면서도 피부가 비늘로 덮여 있으며, 머리에는 하얀 혹이 나 있다고 해요.

겉 다르고 속 다르다

잘못을 한 사람은 자신의 죄를 감추려고 모르는 척 시치미를 떼죠? 이렇게 겉모습과 마음속에 있는 생각이 전혀 다른 사람에게 '겉 다르고 속 다르다.'라고 해요.

교과서 국어 1학년 1학기(나) 7단원 생각을 나타내요 – 콩쥐팥쥐

콩쥐팥쥐

콩쥐는 일찍 어머니를 여의고 계모 아래서 자랐어요. 겉 다르고 속 다르던 계모는 아버지 앞에선 콩쥐를 잘 챙겨 줬지만, 뒤에선 자신의 딸 팥쥐와 차별하고 못살게 굴었죠. 마을에서 잔치가 열리던 날, 콩쥐는 선녀의 도움을 받아 원님을 만났고, 그의 아내가 되었습니다. 이를 시기한 계모와 팥쥐는 몰래 콩쥐를 연못에 빠뜨려 죽였어요. 그리고 팥쥐는 콩쥐 행세를 하며 사람들을 속였어요. 마침내 그 사실을 알게 된 원님은 두 사람에게 끔찍한 벌을 줬고, 연못에서 죽은 콩쥐를 찾아냈습니다. 그러자 신기한 일이 일어났어요. 죽었던 콩쥐가 살아난 거죠. 그렇게 다시 만난 콩쥐와 원님은 기쁨의 눈물을 흘렸답니다.

부엉이와 베짱이

부엉이가 한낮에 곤히 잠자던 중에 시끄러운 소리가 들려왔습니다. 바로 베짱이의 노랫소리였죠. 부엉이는 베짱이에게 화를 내며 조용히 하라고 했지만, 베짱이는 그 말을 듣지 않았어요. 부엉이는 다른 수를 떠올렸습니다. 여느 때처럼 노래 부르는 베짱이에게 부엉이가 친절하게 말했어요. "노래가 정말 아름다워요. 괜찮다면 우리 집에 들어와 노래를 들려주시겠어요?" 기쁜 마음으로 베짱이가 부엉이 집에 들어오자 부엉이가 돌변하여 베짱이를 잡아먹었습니다. 베짱이는 겉 다르고 속 다른 부엉이에게 속아 넘어간 것이었죠.

비슷한 표현

구밀복검(口蜜腹劍)
입에는 꿀 바르고, 뱃속에 칼을 숨긴다는 뜻으로, 겉모습은 친절하지만, 속으로는 해칠 생각을 하고 있다는 걸 의미한다.

 부엉이는 주로 밤에 활동하는 야행성 동물이에요. 올빼미와 비슷하게 생겨서 헷갈리기 쉬운데요, 둘을 구분하는 방법은 머리 꼭대기에 달린 귀 모양 깃이라고 합니다. 깃이 있으면 부엉이, 없으면 올빼미예요.

뱁새가 황새를 따라가면 다리가 찢어진다

'뱁새가 황새를 따라가면 다리가 찢어진다.'는 자기 능력에 맞지도 않은 일을 억지로 하려고 나서면 도리어 해가 된다는 의미예요. 자신의 역량을 파악하고 차례차례 나아가야 탈이 나지 않지요.

교과서 국어 1학년 2학기(나) 10단원 인물의 말과 행동을 상상해요 - 흥부와 놀부

개를 흉내 낸 돼지

옛날에 한 할머니가 개와 돼지를 길렀어요. 돼지는 할머니가 개만 예뻐한다고 생각했습니다. "할머니는 왜 너만 좋아하실까?" 돼지가 묻자 개가 대답했죠. "그야 네가 잠만 잘 때 나는 집을 지키고 있기 때문이지!" 그날 밤부터 돼지는 개를 따라서 밤새 꿀꿀 울며 열심히 집을 지켰어요. 할머니는 그런 돼지가 병이 나서 우는 줄 알고 의사를 불러 침도 놓았지만, 돼지는 울음을 그칠 줄 몰랐죠. 뱁새가 황새를 따라가면 다리가 찢어진다고, 결국 개를 흉내 냈던 돼지는 시장에 내다 팔리고 말았습니다.

토끼와 거북이

토끼가 느림보 거북이를 놀림거리로 삼자, 거북이는 토끼에게 달리기 경주를 하자고 제안했어요. 뱁새가 황새 따라가면 다리가 찢어진다며 거북이를 비웃은 토끼는 순순히 제안을 받아들였습니다. 약속한 날, 토끼와 거북이는 땅 하는 신호와 함께 달리기 시작했어요. 거북이는 엉금엉금 열심히 기어가고, 발 빠른 토끼는 한참 앞서 나갔죠. "거북이가 여기까지 오려면 한참 걸리겠지? 낮잠이나 자야겠다." 토끼가 깊은 잠에 든 사이, 거북이는 멈추지 않고 앞으로 나아갔어요. 한숨 잘 잔 토끼가 깨어나 황급히 달려갔지만 이미 늦었어요. 거북이는 이미 결승점에 다다랐거든요. 결국 경주의 승자는 거북이가 되었답니다!

 비슷한 표현

서시빈목(西施矉目)
서시의 찌푸린 눈이라는 뜻으로, 무조건 남을 따라 하다가 웃음거리가 됨을 말한다.

 거북이는 느림보이지만 바닷속에서는 빠르답니다. 바다 거북이는 평균 시속 20킬로미터 정도로 웬만한 수영 선수보다 훨씬 빠른 속도로 헤엄을 쳐요.

호랑이 없는 골에 토끼가 왕 노릇 한다

뛰어난 사람이 없는 곳에선 그보다 변변찮은 사람이 권력을 갖고 득의양양하다는 뜻이에요. 하지만 강자가 나타나면 금방 꼬리를 내리겠죠. 그렇기에 어디서든 지나치게 우쭐해 하지 말고 겸손을 지켜야 한답니다.

교과서 국어 4학년 2학기(가) 독서 단원. 책을 읽고 생각을 나누어요 – 옹고집전

사자 가죽을 쓴 당나귀

어느 날 한 당나귀가 숲속에서 사자 가죽을 발견하곤 사자로 변장하였어요. "흐흐, 사자인 척하고 모두를 놀라게 해 줘야지!" 호랑이 없는 골에 토끼가 왕 노릇 한다더니, 사자 가죽을 쓴 당나귀는 한껏 의기양양해져서 다른 동물들을 겁주었어요. 마지막으로 사이가 나빴던 여우를 골려 주기 위해 찾아갔는데, 그만 실수로 "히이잉!" 당나귀 울음소리를 내는 바람에 정체가 들통나 버렸어요. "사자 가죽을 쓴 당나귀였잖아. 정말 한심하구나!" 여우에게 망신을 당한 당나귀는 깊은 숲속으로 냅다 도망쳐 버렸습니다.

녹제동의 금사슴

옛날에 백두산에는 늠름하고 용맹한 금사슴이 다스리는 왕국이 있었어요. 그 왕국에선 많은 동물이 평화를 누리며 그들의 왕인 금사슴을 우러러보았지요. 그러던 어느 날, 금사슴이 잠시 이웃 나라로 떠난 틈에 사악한 구렁이가 나타났습니다. 호랑이 없는 골에 토끼가 왕 노릇 한다더니, 구렁이는 왕국을 쑥대밭으로 만들어 버리고 동물들도 마구 괴롭혔어요. 왕국에 돌아온 금사슴은 구렁이의 만행에 분노하여 결판을 벌였고, 구렁이를 발굽으로 밟아 죽였습니다. 이때 발굽이 땅에 박혀 생긴 동굴을 녹제동이라고 불렀답니다.

비슷한 표현

호가호위(狐假虎威)
남의 권세를 빌려 위세를 부린다는 뜻이다.

 백두산은 함경도와 만주 사이에 있는 산이에요. 높이는 2,744미터로 우리나라에서 가장 높은 산이지요. 활화산이지만, 현재는 냉각되어 화구에는 큰 호수가 있습니다. 독특한 자연생태계 덕분에 다양한 희귀 동식물들이 살아가는 터전이기도 합니다.

속담 퀴즈

비슷한 표현을 찾아 선으로 이어 주세요.

무쇠도 갈면 바늘 된다 ●   ● 콩 심은 데 콩 나고 팥 심은 데 팥 난다

참새가 방앗간을 그저 지나랴 ●   ● 견물생심

인과응보 ●   ● 열 번 찍어 안 넘어가는 나무 없다

빈칸에 알맞은 단어를 넣어 주세요.

① 미운 아이 ☐ 하나 더 준다

② 소 잃고 ☐☐ 고친다

③ 해가 ☐☐ 에서 뜨다

답: 무쇠도 갈면 바늘 된다 — 열 번 찍어 안 넘어가는 나무 없다, 참새가 방앗간을 그저 지나랴 — 견물생심, 인과응보 — 콩 심은 데 콩 나고 팥 심은 데 팥 난다 / ① 떡 ② 외양간 ③ 서쪽

속담 따라 쓰기

이번 장에 나왔던 주요 속담을 떠올려 한 글자씩 따라 써 보며 의미를 되새겨 봅시다.

겉 다르고 속 다르다

백 번 듣는 것이 한 번 보는 것만 못하다

언 발에 오줌 누기

벼룩의 간을 내어 먹는다

콩 심은 데 콩 나고 팥 심은 데 팥 난다

4장

까마귀 날자 배 떨어진다

세상에는 원인과 결과가 뚜렷한 일도 있지만, 우연한 일도 생겨나기 마련이죠. '까마귀 날자 배 떨어진다.'는 아무 관계가 없는 일이 공교롭게도 동시에 일어나 의심받게 되는 상황을 일컫는 말입니다.

보기 좋은 떡이 먹기도 좋다

보기는 좋아도 맛없을 때도 있지만 실제로 색깔도 곱고 보기 좋게 생긴 떡이 맛있을 때가 더 많아요. '보기 좋은 떡이 먹기도 좋다.'는 겉모습이 반듯하고 고우면 내용도 알찰 거라 생각하게 된다는 의미예요.

교과서 국어 5학년 1학기(나) 9단원 여러 가지 방법으로 읽어요 – 아름다운 비색을 지닌 고려청자

여우와 신 포도

배가 고픈 여우가 돌아다니다가 포도가 주렁주렁 열린 포도나무를 발견했어요. 보기 좋은 떡이 먹기도 좋다는 말이 있지요. 여우는 포도가 탐이 났어요. 여우는 가장 탐스러운 포도를 향해 펄쩍펄쩍 뛰었습니다. 하지만 나무 꼭대기에 있는 포도송이는 손이 닿지 않았어요. 그러자 여우는 괜히 포도에 대고 "저건 맛없는 신 포도야!"라며 마구 화냈습니다. 그리고 콧방귀를 뀌고선 그곳을 떠나 버렸죠.

옷이 날개

옛날에 재주가 뛰어난 젊은이가 장원 급제했어요. 평소 학문에만 열중하던 그는 늘 입던 초라한 차림새로 왕에게 인사를 올리러 갔습니다. "차림새가 그래서야 어디 백성들의 신망을 얻겠는가?" 보기 좋은 떡이 먹기도 좋다고 생각한 왕은 겉모습이 번지르르한 차석에게는 나라의 주요한 직책을 맡기고, 장원 급제한 젊은이에게는 작은 시골의 원님 자리를 주었습니다. 그는 허탈했지만, 성실히 고을을 돌보아 백성들의 존경을 한몸에 받았어요. 시간이 흐르고 나라에 큰 잔치가 열려 젊은이도 왕궁에 찾아갔습니다. 그가 좋은 옷을 차려입으니 사람들 사이에서도 단연 돋보였죠. 왕은 그가 옛날에 보았던 초라한 차림새의 젊은이라는 걸 알고선 깜짝 놀랐어요. 과거의 잘못을 반성한 왕은 그에게 바로 높은 벼슬자리를 주어 귀한 인재로서 대접하였답니다.

저건 분명 맛없는 신 포도일 거라고!

 반대 표현

베주머니에 의송 들었다
겉모습이 허름하고 못난 듯해도 실상은 비범한 가치를 지녔다는 뜻이다.

 맛있는 과일인 포도는 일부 동물에게는 치명적입니다. 우리에게 가까운 동물인 강아지는 포도를 먹으면 신장에 이상이 생겨서 급성 신부전을 일으킬 수 있어요. 내 주변 동물을 소중히 하기 위해서 잘 알아 두면 좋겠죠?

친구 따라 강남 간다

배가 안 고파도 친구와 함께 밥을 먹고, 집에 있고 싶어도 친구와 같이 밖에 나가서 놀아 본 경험이 있나요? '친구 따라 강남 간다.'는 내가 하고 싶은 일이 아니었지만, 친구가 한다기에 덩달아 같이할 때를 비유하는 말이에요.

교과서 국어 5학년 2학기(나) 1단원 여러 가지 매체 자료 – 마녀사냥

브레멘 음악대

주인에게서 버림을 받은 당나귀는 길을 가다가 비슷한 사정을 가진 개와 고양이, 닭을 만났어요. 친구 따라 강남 간다고, 그들은 브레멘에 가서 음악대에 들어가겠다는 당나귀와 함께하기로 했죠. 다같이 숲속을 헤매다가 불이 켜진 한 오두막을 발견했습니다. 그곳에서는 도둑들이 훔친 물건을 나누고 있었어요. 당나귀와 친구들은 서로 등 위에 차례대로 올라가 괴물인 척 도둑들을 겁을 주어 쫓아냈어요. 오두막이 마음에 들었던 그들은 그곳에서 즐거운 음악을 하며 사이좋게 살았답니다.

테세우스와 페이리토스

아테네의 왕 테세우스와 테살리아의 왕 페이리토스는 막역한 친구 사이였어요. 두 사람은 아름다운 제우스의 딸을 아내로 맞자고 약속했습니다. 그리하여 테세우스는 스파르타의 헬레네를 납치해서 자신의 나라로 데려왔고, 페이리토스는 페르세포네를 데려오기 위해 지하 세계로 갈 준비를 했어요. 친구 따라 강남 간다고, 그 길에는 테세우스도 함께였죠. 마침내 두 사람이 지하 세계에 도착하자 페르세포네의 남편이자 저승의 신인 하데스는 이들을 환영하는 척하며 망각의 의자에 앉혀 기억을 없앴습니다. 얼마 뒤 테세우스는 헤라클레스의 도움으로 그곳에서 탈출할 수 있게 되지만, 페이리토스는 영원히 그곳에 남아 있게 되었습니다.

비슷한 표현

부화뇌동(附和雷同)
자기 의견이나 생각 없이 다른 사람의 의견에 따라 움직인다는 말이다.

 이 속담에서 말하는 '강남'은 어디를 말하는 걸까요? 우리나라 서울의 한강 남쪽인 강남이 먼저 떠오를 수 있지만, 여기에서 강남은 중국 양쯔강 남쪽 지방을 말하는 거예요.

소문난 잔치에 먹을 것 없다

기대하던 곳에 방문했는데, 그곳이 생각보다 별로였던 적이 있었나요? 그럴 때면 떠들썩한 소문만큼이나 실망감도 커지죠. 기대나 소문보다 실속 없거나, 기대에 못 미치는 경우 '소문난 잔치에 먹을 것 없다.'라고 합니다.

교과서 국어 6학년 1학기(가) 2단원 이야기를 간추려요 – 저승에 있는 곳간

궁전에 간 돼지

임금님이 사는 궁전에 다녀온 토끼는 돼지에게 궁전이 얼마나 화려하고 아름다운지 얘기해 줬어요. 그 말에 돼지도 호기심이 생겨 궁전 구경을 하러 나섰죠. "멋진 궁전이라면 분명 맛있는 음식도 많을 거야." 먹을 생각뿐인 돼지는 기껏 궁전에 도착해서는 쓰레기통을 뒤지며 음식만 찾아다녔습니다. 돼지는 실망한 얼굴로 마을에 돌아와 토끼에게 말했어요. "소문난 잔치에 먹을 것이 없다더니, 궁전 쓰레기통이라 특별할 줄 알았더니 결국 죄다 썩은 음식뿐이었어!" 돼지의 투덜거림에 토끼는 어이가 없어서 그만 말문이 막혀 버렸답니다.

왕자와 거지

같은 날, 두 남자아이가 태어났어요. 한 아이는 왕자인 에드워드였으며, 다른 한 아이는 가난한 집안의 아들인 톰이었죠. 놀랍도록 똑같은 외모를 가진 두 아이는 우연히 만나 옷을 바꿔 입게 되었습니다. 서로의 모습에 흥미를 갖게 된 두 아이는 잠시 서로의 생활을 바꿔서 체험해 보게 되었습니다. 소문난 잔치에 먹을 것 없다고, 평소 왕궁 생활을 동경하던 톰은 생각보다 답답한 왕자의 삶에 실망했어요. 왕자는 가난한 사람들과 함께 지내보고선 그들을 위해 좋은 왕이 되겠다고 다짐했죠. 훗날 왕이 된 왕자는 자비롭고 훌륭하게 왕국을 다스렸답니다.

비슷한 표현

침소봉대(針小棒大)
바늘을 방망이만큼 크다고 하다. 작은 일을 크게 부풀려 떠들고 다닌다는 뜻이다.

돼지는 땀샘이 거의 없어서 체온 조절을 스스로 할 수 없어요. 그래서 진흙 위를 뒹굴어 체온을 낮추는 것이죠. 사실 돼지는 넓은 장소에서 살게 되면 따로 장소를 정해 배설을 하고, 누울 곳은 깨끗하게 유지하는 깔끔한 동물이랍니다.

비 온 뒤에 땅이 굳는다

비 온 뒤에 땅을 밟아 본 적 있나요? 빗물에 젖은 땅은 질척거리긴 하지만, 물기가 마르면 돌처럼 단단하게 굳는답니다. 이처럼 사람도 고된 어려움을 극복하고 나면 더 강해진답니다.

교과서 국어 3학년 1학기(나) 10단원 문학의 향기 – 강아지 똥

마지막 5분

도스토옙스키는 러시아 혁명을 위해 일하다 붙잡혀 총살형을 선고받게 되었어요. 사형 집행이 겨우 5분 남았을 때였습니다. 이 소중한 시간을 도스토옙스키는 사람들과 작별 인사를 하며 2분, 삶을 돌아보며 2분, 아름다운 풍경을 둘러보며 마지막 1분을 썼죠. "다시 삶의 기회가 생긴다면 더 열심히 살 텐데." 죽음을 앞두고 눈물 흘리던 순간이었어요. 한 병사가 말을 타고 오며 소리쳤습니다. "사형을 멈추시오, 황제의 명입니다!" 비 온 뒤에 땅이 굳어진다고 하죠. 도스토옙스키는 그때의 5분을 떠올리며 삶을 더 가치 있게 살기 위해 노력했다고 합니다.

소가 된 게으름뱅이

게으름뱅이 소년은 길에서 소머리 탈을 만들고 있는 노인을 만났습니다. 노인은 소년에게 탈을 한번 써 보겠냐고 물었어요. 그 말에 소년은 탈을 썼다가 다시 벗으려고 했지만, 이상하게도 꿈쩍하지 않았어요. "음매! 음매!" 소년은 그대로 소가 되어 버렸죠. 장으로 간 노인은 소를 팔면서 상대방에게 말했어요. "소에게 절대 무를 먹이지 마시오." 다른 집에 팔려 간 소는 힘들게 일하다가 우연히 무밭에서 무를 먹었어요. 그러자 탈이 벗겨지고 다시 사람으로 돌아왔죠. 비 온 뒤에 땅이 굳어진다더니, 소년은 그 이후로 게으름 피우지 않고 부지런히 살았답니다.

비슷한 표현

구한감우(久旱甘雨)
오랜 가뭄이 끝나고 단비가 내린다는 뜻이다.

 도스토옙스키는 러시아의 작가예요. 대표 작품으로는 《백치》, 《악령》, 《죽음의 집의 기록》 등이 있으며, 특히 방황하는 청춘 라스콜리니코프를 주인공으로 한 《죄와 벌》은 세계적인 문학 걸작으로 알려졌습니다.

우물 안 개구리

우물 안에 사는 개구리가 끝없이 펼쳐진 바다와 세상에 대해서 잘 알진 않아요. 오히려 우물 안에서 보이는 좁은 하늘이 전부라고 생각하며 아는 척 떠들기 바쁘답니다. '우물 안 개구리'는 견문이 좁고 자신만 잘난 줄 아는 사람을 비유하지요.

교과서 국어 1학년 2학기(나) 10단원 인물의 말과 행동을 상상해요 – 백설공주

처음 본 바다는

강의 신인 하백은 물길을 따라서 나와 처음으로 바다를 마주했습니다. 지금껏 자신이 있는 강이 가장 넓다고 생각했던 하백에겐 끝없이 펼쳐진 바다가 그저 놀라울 따름이었죠. "처음 바다를 보고 나니 넓은 것 위에는 더 넓은 게 존재한다는 걸 깨달았네. 지금이라도 바다에 나와 보지 않았다면 남들에게 웃음거리가 될 뻔했소." 바다의 신인 북해약이 이 말을 듣고 말했습니다. "우물 안 개구리는 그들이 사는 우물에만 사로잡혀 있기 때문에, 넓은 바다에 대한 이야기를 할 수 없소. 지금이라도 그대가 나와 함께 바다를 구경하고 부족함을 깨닫게 되었으니 기쁘구려."

뿌리가 하는 일

푸른 잎이 우거진 커다란 나무가 한 그루 있었어요. 가지에 달린 푸른 잎들은 나무 아래 쉬다 가는 사람들, 뛰어노는 아이들, 춤추는 젊은이들을 보며 뿌듯해 했죠. "우리가 없으면 시원한 그늘도 없고, 신선한 공기도 없을 거야. 모두 우리 덕분이지!" 잎들의 자랑을 못마땅하게 듣던 뿌리가 말했어요. "너희는 정말 건방지구나? 내가 마르거나 땅에서 뽑히면 너희들도 존재하지 않을 거라고!" 우물 안 개구리 같았던 푸른 잎들은 그제야 뿌리가 하는 일을 생각했어요.

너희가 있는 건 다 우리 덕분이거든?

비슷한 표현

통관규천(通管窺天)
붓 대롱을 통해 하늘을 본다는 뜻으로, 견문이 좁은 사람을 비유한다.

우리가 흔히 먹는 당근, 무, 우엉, 연근이 식물의 뿌리라는 사실을 알고 있었나요? 이렇게 뿌리를 식용으로 활용하는 작물을 뿌리 작물이라고 부른답니다.

효성이 지극하면 돌 위에도 꽃이 핀다

부모님을 사랑하는 마음이 크면 하늘도 감동하지 않을까요? 기적 같은 일이 일어나 부모님을 기쁘게 할 수도 있을 거예요. '효성이 지극하면 돌 위에도 꽃이 핀다.'는 효심이 깊으면 어려운 조건 속에서도 자식 된 도리를 다할 수 있음을 뜻하죠.

교과서 국어 2학년 2학기(가) 2단원 인상 깊었던 일을 써요 – 어머니 생신 선물

효자와 잉어

병석에 누운 어머니를 모시던 한 효자가 있었어요. 어느 날 어머니가 말했어요. "아들아, 잉어를 먹으면 기운을 차릴 수 있을 것 같구나." 하지만 겨울이라 강이 꽁꽁 얼어서 잉어를 낚시하기가 쉽지 않았어요. 그렇게 효자는 며칠 동안 잉어를 구하려 애를 썼지만, 얻지 못하자 얼음 위에서 엉엉 울었습니다. 그런데 갑자기 얼음 속에서 잉어가 튀어나왔습니다. 효성이 지극하면 돌 위에도 꽃이 핀다더니, 효자는 그것으로 병든 어머니께 잉어를 드릴 수 있었죠.

조갈천

효자 박신윤은 옆 마을의 노온이 연 성대한 잔치에 가게 되었습니다. 많은 사람이 잔치에서 먹고 떠들며 즐기고 있었어요. 그런데 박신윤 혼자 음식을 먹지 않고 묵묵히 앉아 있기만 해서 노온이 이유를 물었어요. "편찮으신 어머니 걱정 때문에 먹지 못하겠습니다." 박신윤의 효심에 감동한 노온은 따로 음식을 싸 주었습니다. 잔치가 끝나고 음식을 챙긴 박신윤이 집으로 향하는데 냇물이 불어나서 건널 수 없었어요. 효성이 지극하면 돌 위에도 꽃이 핀다고 하죠. 박신윤이 어머니를 두고 혼자 온 것을 자책하며 한숨을 쉬자 냇물이 갈라졌습니다. 그 덕에 냇물을 무사히 건널 수 있었습니다. 이후로 이 냇물은 갈라진 냇물이라는 뜻의 '조갈천'이라 불렸다고 해요.

 반대 표현

풍수지탄(風樹之歎)
부모에게 효도하고자 하지만, 이미 부모가 세상을 떠나서 그럴 수 없음을 뜻한다.

 효자문이라고 들어 보셨나요? 효자문은 효행을 다한 인물을 기리기 위해 나라에서 사람들이 많이 오가는 거리, 마을 입구 등 눈에 잘 띄는 장소에 세운 상징적은 건물입니다. 다른 이들이 본받도록 하기 위함이었죠.

꿩 먹고 알 먹는다

꿩을 잡아서 고기도 먹고, 알도 먹는다면 좋은 일이겠죠? 한 가지 일로 여러 이득을 보게 되는 상황을 두고 '꿩 먹고 알 먹는다.'고 말한답니다. 적은 노력으로 두 가지 일을 한꺼번에 처리하거나 소득을 얻을 수 있으면 효율적일 거예요. 그러려면 지혜를 발휘해야 해요.

교과서 국어 3학년 1학기(나) 7단원 반갑다, 국어사전 – 먹을 수 있는 꽃 요리

한 번 고생

마을에 호랑이 두 마리가 나타났어요. 마을 사람들은 힘이 센 변장자를 불러 도움을 청했죠. 마침 두 호랑이가 소를 물고 달아났다기에 변장자는 무기를 챙겨 그 뒤를 쫓았고, 여관에서 일하던 어린아이도 구경하려고 따라나섰습니다. 변장자가 무기를 호랑이에게 겨냥하던 순간 아이가 막아 세웠어요. "호랑이들이 소를 차지하려고 서로 싸우고 있으니 곧 한 마리는 죽고, 나머지는 상처를 입을 것입니다. 그러면 그때 다친 한 마리만 잡으면 고생을 덜지 않겠습니까?" 그 말대로 변장자는 두 마리의 호랑이를 손쉽게 해치웠습니다. 한 가지 일로 두 이익을 얻었으니, 꿩 먹고 알 먹은 격이었죠.

장보고와 청해진

신라 시대 때 서쪽 바다에는 걸핏하면 해적들이 출몰해 사람들을 해치고, 물건을 약탈해 갔어요. 장보고는 이 사실을 흥덕왕에게 알리며 청해에 진영을 설치하여 해적들의 횡포를 막아야 한다고 했습니다. 왕은 그 뜻을 받아들여 장보고에게 청해진 설치를 허락했어요. 장보고가 청해진의 대사가 되고 군대를 조직하여 바다를 지키니 해적들이 더는 나타나지 않았습니다. 또한 바닷길이 안전해지니 청해진을 중심으로 당나라와 일본 사이의 무역을 했어요. 꿩 먹고 알 먹는 격이었죠. 이런 무역 활동으로 신라는 많은 이득을 거둘 수 있었습니다.

비슷한 표현

일석이조(一石二鳥)
돌 하나를 던져 새 두 마리를 잡는다는 뜻으로, 한 가지 일로 두 가지 이득을 본다는 의미이다.

 장보고는 재능이 출중하였지만, 신분이 낮았기에 신라에서 능력을 인정받기 어려웠어요. 그래서 당나라로 떠난 장보고는 군인이 되어 출세했습니다. 청해(현재 전라남도 완도)에 돌아온 장보고는 청해진을 설치하였고, 해상왕으로 이름을 떨치게 되었습니다.

도둑이 제 발 저리다

잘못한 일을 감추려고 하면 어떨까요? 내가 한 잘못이 들킬까 두렵고, 마음이 조마조마해질 거예요. 또한 그런 마음이 나도 모르는 사이에 뻣뻣한 표정과 행동으로 드러나겠죠. 지은 죄 때문에 몸과 마음이 불편해지는 것을 비유하는 말이에요.

교과서 도덕 5학년 1단원 바르고 떳떳하게 – 거짓을 이겨 낸 용기

도끼 도둑

어떤 나무꾼이 도끼를 잃어버렸습니다. 그리고 이웃집의 청년이 도끼를 훔쳐 갔다고 의심했어요. 나무꾼이 보기에는 꼭 도둑이 제 발 저리듯이, 청년이 제 잘못을 들킬까 봐 조마조마해 보이는 것 같았고 행동 하나하나가 수상했죠. 그러나 며칠 후, 나무꾼은 자기 집 창고에서 잃어버린 도끼를 찾았습니다. "괜한 사람을 의심하고 있었군." 나무꾼은 자신의 근거 없는 의심을 반성했답니다.

리스트의 제자

리스트가 여행하다가 리스트의 제자가 연주회를 연다는 마을에 도착했어요. 하지만 리스트는 그런 제자가 없었기에 어리둥절했습니다. 도둑이 제 발 저린다고, 연주회를 연다는 그 피아니스트가 리스트를 찾아왔어요. "선생님의 이름을 멋대로 써서 죄송합니다." 그는 가족들을 부양할 돈이 필요했기에 리스트 이름을 이용해 관객을 모았다고 하면서 당장 연주회를 중단하겠다고 했습니다. 그러자 리스트는 피아니스트를 말리면서 대신 바로 연주를 해 보라고 했어요. 리스트는 사소한 실수를 지적해 주고, 몇 가지 조언을 해 줬어요. "당신은 오늘 내게 피아노를 배웠으니 내 제자입니다. 떳떳하게 연주회를 열도록 해요." 피아니스트는 눈물을 흘리며 리스트에게 감사를 표했습니다.

 반대 표현

후안무치(厚顔無恥)
얼굴이 두꺼워 뻔뻔스럽고 부끄러운 줄 모른다는 뜻이다.

 리스트는 '교향시'라는 새로운 장르를 만든 음악가예요. 교향시는 교향곡과 시의 합성어로, 문학적이거나 회화적인 내용을 담았습니다. 리스트가 작곡한 대표적인 교향시로는 〈전주곡〉이 있지요. 그 밖에도 〈파우스트 교향곡〉, 〈단테 교향곡〉, 〈죽음의 무도〉 등 유명한 작품들 역시 리스트의 작품이랍니다.

잔디밭에서 바늘 찾기

바닥에 떨어진 바늘도 눈에 잘 보이지 않는데, 뾰족뾰족 파랗게 돋아난 잔디 사이에서 바늘을 떨어뜨린다면 찾을 때 애먹을 거예요. '잔디밭에서 바늘 찾기'는 무언가를 몹시 찾기 어렵거나 찾을 수 없으면 쓰는 말이에요.

교과서 국어 2학년 1학기(가) 6단원 차례대로 말해요 - 신데렐라

진시황 불로초

중국의 진시황은 영원한 삶을 살고 싶어 했어요. 신하인 서복이 바다 건너 신성한 산에 불로초가 있다고 하자 진시황은 오백 명의 소년 소녀와 온갖 보물들을 주며 찾아오라고 명했습니다. 서복은 바다를 건너 겨우 외딴 섬에 도착했지만, 불로초를 찾는 건 잔디밭에서 바늘 찾기와도 같았죠. 이대로 돌아가면 죽음을 면치 못한다고 생각한 서복은 일행과 함께 동쪽으로 도망쳤습니다. 불로초를 목 빠지게 기다리던 진시황은 결국 마흔아홉 살에 여느 사람들처럼 죽음을 맞이했습니다.

새털 옷 신랑

한 신랑이 아름다운 아내의 초상화를 들고 나무를 하러 갔다가, 바람이 불어 그만 초상화를 잃어버렸어요. 바람에 날아온 초상화를 발견한 왕은 그 미모에 반해 그 신랑의 아내를 억지로 궁에 끌고 왔습니다. 왕은 웃음을 잃은 아내를 웃게 하고 싶었어요. 아내는 신랑을 찾고자 왕에게 거지 잔치를 열어 달라고 부탁했죠. 거지 잔치가 며칠이나 이어졌지만, 신랑은 보이지 않았어요. 마치 잔디밭에서 바늘 찾기 같았죠. 그때 새털 옷을 입은 자가 나타났어요. 그게 신랑이라는 걸 알아본 아내는 웃음을 터뜨렸어요. 그 모습을 본 왕은 신랑을 불러 옷을 바꿔 입었어요. 왕의 옷을 입게 된 신랑은 왕의 자리에 올라서서 새털 옷 입은 왕을 쫓아내고 아내를 되찾았답니다.

비슷한 표현

서울 가서 김 서방 찾는다
주소나 이름도 모르면서 무턱대고 사람을 막연하게 찾아 나선다는 의미이다.

중국 서안에서 한 농부가 우물을 파다가 굉장한 발견을 했습니다. 바로 진시황릉의 병마용갱이었죠. 기다란 갱에 가득 차도록 많은 병마용은 저마다 다른 모습을 하고 있었어요. 매장된 병마용은 대략 육천여 개로 추정하고 있습니다.

뒷간 갈 적 마음 다르고 올 적 마음 다르다

화장실에 가기 전엔 다급하게 굴던 사람이 화장실을 나오면 언제 그랬냐는 듯이 편안한 얼굴로 바뀌죠? 급할 때는 사정하며 매달리던 사람이 일이 끝나면 모른 체하며 마음을 바꿀 때 할 수 있는 말이에요.

교과서 국어 3학년 2학기(나) 9단원 작품 속 인물이 되어 - 토끼의 재판

토끼의 재판

어느 나그네는 궤짝에 갇힌 호랑이가 도와 달라고 외치는 소리를 들었어요. 호랑이가 나그네에게 말했어요. "은혜를 잊지 않을 테니 살려 주세요!" 나그네는 호랑이를 믿고 궤짝을 열어 주었어요. 뒷간에 갈 적 마음 다르고 올 적 마음 다르다고 하더니, 풀려난 호랑이는 나그네를 잡아먹으려 했어요. 나그네는 거짓말한 호랑이가 옳은지, 자신이 옳은지 지나가는 토끼에게 묻자고 했습니다. 이야기를 들은 토끼가 말했습니다. "이해가 안 되니 다시 똑같이 해 보실래요?" 호랑이는 다시 궤짝에 들어갔습니다. 그러자 토끼가 잽싸게 궤짝을 잠갔습니다. 나그네는 토끼 덕에 목숨을 건지게 되었죠.

피리 부는 사나이

마을에 쥐가 많아지자, 마을 사람들은 쥐를 없애는 자에게 돈을 주겠다고 했어요. 그러자 한 사내가 나타났죠. 사내가 피리를 불자 쥐들이 피리 소리를 따라 움직였습니다. 사내는 피리로 쥐들을 유인해 강으로 빠뜨려 죽였어요. 하지만 뒷간에 갈 적 마음 다르고 올 적 마음 다르다죠. 쥐가 사라지자 마을 사람들은 사내에게 돈을 주기 아깝다는 마음이 들어 마을에서 내쫓았습니다. 화가 난 사내가 피리를 불자 이번에는 마을 아이들이 홀린 듯이 피리 소리를 따라갔습니다. 사내는 아이들을 데리고 어디론가 사라졌고, 마을 사람들은 뒤늦게 후회했다고 합니다.

 반대 표현

결초보은(結草報恩)
풀을 묶어 은혜를 갚는다는 뜻으로, 죽어서도 은혜를 잊지 않음을 의미한다.

 하멜른이라는 도시에 내려오는 전설을 바탕으로 〈하멜른의 피리 부는 사나이〉 시를 지은 로버트 브라우닝은 영국의 시인입니다. 상대를 의식하며 독백하는 형식의 극적 독백 작품인 〈리포 리피 신부〉 등 많은 명작을 남겼습니다.

호미로 막을 것을 가래로 막는다

> 호미와 가래는 농사를 지을 때 사용하는 도구예요. 크기를 비교하면 가래가 호미보다 훨씬 크죠. '호미로 막을 것을 가래로 막는다.'라는 말은 어떤 일을 방치했다가 나중에 더 큰 힘과 돈을 들이게 된다는 뜻이랍니다.

교과서 국어 4학년 1학기(가) 2단원 내용을 간추려요 - 나무 그늘을 산 총각

먹보 장사

어느 구두쇠 부자가 밥만 제공하는 조건으로 일할 일꾼을 구했습니다. 다음 날, 체격이 좋은 장사가 나타나 하나만 약속해 주면 일하겠다고 했어요. "밥만 먹여 주신다면 돈을 안 주셔도 됩니다. 대신 제가 스스로 그만두기 전까진 내쫓지 않기로 약속해 주십시오." 부자는 알겠다고 했죠. 장사는 일을 잘했지만, 밥을 아주 많이 먹었어요. 며칠 후, 장사 때문에 곳간이 거덜 나게 생기자, 부자는 재산 절반을 줄 테니 제발 나가 달라고 애원했습니다. 품삯 몇 푼 아끼려다가 재산 절반을 잃다니, 호미로 막을 것을 가래로 막은 격이었죠.

기왓장 아끼려다

봄이 되어 온 가족이 집안을 구석구석 청소하던 중이었어요. 그런데 자꾸만 천장에서 물이 떨어지기에 지붕으로 올라가 확인해 봤습니다. 자세히 보니 기왓장 하나가 빠져 그 틈으로 물이 새고 있던 거였어요. "고작 작은 기와 한 장 빠졌다고 큰일 나겠어?" 가족들은 안일하게 넘겼습니다. 어느덧 여름이 찾아오고 장마가 시작됐어요. 천장에서 흐르던 물이 대들보로 흘러 들어갔습니다. 얼마 뒤 대들보가 썩어 부서지자, 지붕이 와르르 무너졌어요. "그깟 기와 한 장 아끼려다가 이렇게 되다니!" 호미로 막을 것을 가래로 막는다더니, 가족들은 울면서 많은 돈을 내고 지붕을 고쳤답니다.

반대 표현

유비무환(有備無患)
평소에 준비가 철저하면 훗날 근심이 없다는 뜻이다.

 보는 기둥 위에서 지붕의 무게를 지탱하고 있는 건축 부재로, 대들보, 종보, 충량, 퇴보, 우미량 등이 있습니다. 그중 대들보는 작은 보에서 전달되는 무게를 견뎌내기 위해 주요 기둥과 기둥 사이에 건너지른 가장 큰 보를 말합니다.

까마귀 날자 배 떨어진다

세상에는 원인과 결과가 뚜렷한 일도 있지만, 우연한 일도 생겨나기 마련이죠. '까마귀 날자 배 떨어진다.'는 아무 관계가 없는 일이 공교롭게도 동시에 일어나 의심받게 되는 상황을 일컫는 말입니다.

교과서 사회 5학년 1학기 2단원 인권존중과 정의로운 사회 – 법의 의미와 역할

돼지와 사냥꾼

어느 날 지자대사 앞에 사냥꾼이 나타나 자신이 쫓던 돼지가 어디로 가는지 봤냐고 물었어요. 지자대사는 대답 대신 활을 버리라고만 했죠. 사냥꾼이 이유를 묻자 지자대사가 말했습니다. "까마귀가 배나무에 있다가 날아가자 우연히 배가 떨어져 아래 있던 뱀이 죽었습니다. 뱀은 까마귀의 탓으로 알고 복수하기 위해 돼지로 태어났죠. 돼지는 돌을 떨어뜨려 꿩으로 다시 태어난 까마귀를 죽였습니다. 꿩은 사냥꾼으로 다시 태어나 돼지를 죽이려 하니, 나중에 돼지는 무엇이 되겠습니까?" 지자대사의 말을 들은 사냥꾼은 그 뒤로 활을 버렸고, 도를 닦아 스님이 되었다고 합니다.

악바르와 소문

황제 악바르는 아침에 만나는 사람의 인상에 따라 운이 바뀐다는 소문을 들었어요. 어느 날 악바르는 아침에 한 빨래꾼을 만났습니다. 까마귀 날자 배 떨어진다고, 하필 그날엔 운 나쁜 일만 일어났죠. 그 이야기를 신하들에게 들려주자, 신하들은 그 빨래꾼의 인상이 나쁜 탓이라고 입을 모았습니다. 그리고 그 빨래꾼을 죽이려 궁으로 끌고 왔죠. 그때 다른 신하 비르발이 말했어요. "폐하는 그저 운 나쁜 하루를 보내셨지만, 이 빨래꾼은 죽게 생겼습니다. 그럼 둘 중에 누구의 인상이 더 안 좋은 것입니까?" 악바르는 그 말이 옳다며 빨래꾼을 놓아 주었답니다.

비슷한 표현

죄지은 놈 옆에 오면 방귀도 못 뀐다
잘못이 없지만 괜한 의심을 받을 수 있으니 조심한다는 의미이다.

 좋은 인상에 빠질 수 없는 건 바로 웃음이지요. 웃음이 보약이라는 말이 있기도 해요. 웃음은 우리의 면역 기능을 높이고, 활기차고 건강하게 만들어 주는 물질을 더 많이 분비시켜서 우리 몸에 긍정적인 영향을 준답니다.

못된 송아지 엉덩이에 뿔이 난다

원래는 머리에 나야 하는 뿔이 엉덩이에 난다면 골치 아프겠죠. '못된 송아지 엉덩이에 뿔이 난다.'는 돼먹지 못한 사람이 나쁘고 엇나가는 짓만 골라서 한다는 말이지요.

교과서 국어 1학년 2학기(가) 3단원 문장으로 표현해요 - 사자의 지혜

주정뱅이 남편

옛날에 주정뱅이 남편을 둔 한 여인이 남편의 술버릇을 고쳐 보기로 마음먹었어요. 아내는 어느 날 술에 취한 남편을 공동묘지에 놔두고 왔죠. 그리고 아침에 다시 그곳을 찾아가 숨었습니다. 눈을 뜬 남편은 인기척을 느끼고선 누구냐고 소리쳤어요. 아내는 목소리를 바꿔 말했어요. "나는 죽은 자에게 밥을 가져다주는 심부름꾼이오. 밥을 가져왔소." 그런데 못된 송아지 엉덩이에 뿔이 난다더니, 남편은 그 상황에도 술이나 갖다 달라며 짜증을 부렸어요. 이 말을 들은 아내는 남편의 술버릇을 도저히 고쳐먹을 수 없다고 느껴 통곡했습니다.

어린 원님 강감찬

강감찬은 어린 나이에도 능력이 출중해 원님이 됐어요. 못된 송아지 엉덩이에 뿔이 난다더니, 그를 시기한 아전들은 강감찬을 자기들 멋대로 다루려고 했죠. 강감찬은 자신을 얕보는 이들을 혼내기로 하고선 아전들에게 한 가지 일을 시켰어요. "수숫대를 하나씩 잘라 소매에 넣어 오거라." 하지만 기다란 수숫대는 소매에 잘 들어가지 않았어요. 아전들은 간신히 수숫대 한쪽 끝만 소매에 넣어 우스꽝스러운 모습으로 돌아왔습니다. 그 모습을 본 강감찬이 말했습니다. "고작 몇 년 된 수숫대도 소매 속에 넣지 못하면서 어찌 나를 손바닥 위에 올려놓으려고 하는가?" 이후 아전들은 강감찬을 무시하지 않았답니다.

고작 몇 년 된 수숫대도 소매에 넣지 못하면서 나를 손바닥 위에 올려 놓으려고 하는가?

 비슷한 표현

못된 벌레 장판방에서 모로 긴다
미움받는 사람이 미운 행동을 하여 신경을 거슬리게 한다는 의미이다.

 강감찬은 고려의 명장으로서 외적의 침입을 막아 내고 나라를 지켰습니다. 특히 강감찬은 귀주대첩에서 거란을 상대로 큰 승리를 거머쥐었으며, 민중에게 영웅으로 많은 사랑을 받았지요.

먹을 가까이하면 검어진다

새까만 먹 근처에 있다가 한 방울이라도 손에 묻으면, 그 손이 주변을 금세 얼룩지게 만들겠죠? '먹을 가까이하면 검어진다.'는 나쁜 사람 곁에 있으면 나쁜 행동을 배운다는 의미예요.

교과서 국어 2학년 2학기(가) 6단원 자세하게 소개해요 – 피노키오

백로가

'까마귀가 싸우는 골짜기에 백로야 가지 마라 / 성낸 까마귀가 흰빛을 샘낼까 염려스럽구나 / 맑은 물에 기껏 씻은 몸을 더럽힐까 하노라'

〈백로가〉는 정몽주의 어머니가 지은 시조입니다. 먹을 가까이하면 검어진다고 했으니, 나라를 위태롭게 만드는 집단에 물들지 말고 고려의 충신으로서 최선을 다하라는 뜻을 담아 정몽주에게 당부한 것이지요.

피노키오

목수 제페토 할아버지는 장작을 깎아 인형을 만들고 피노키오라는 이름을 붙여 줬어요. 신기하게도 그 인형은 사람처럼 움직였죠. 제페토는 피노키오는 사랑해 자신의 겉옷을 팔아 피노키오를 학교에 보냈어요. 어느 날 학교에 가던 피노키오는 여우와 고양이를 만났어요. "피노키오야, 우리 인형극 보러 가자." 먹을 가까이하면 검어진다고, 피노키오는 여우와 고양이의 꼬드김에 넘어가 책을 팔아 그 돈으로 인형극을 보았어요. 못된 여우와 고양이는 피노키오를 속여 남은 돈을 모두 빼앗아 갔어요. 피노키오는 다시 집으로 향하다가 로메오라는 놀기만 좋아하는 친구를 따라 장난감 나라에 갔다가 당나귀가 되어 버렸어요. 다행히 원래 모습으로 돌아온 피노키오는 피노키오를 찾아 다니다가 고래에게 삼켜진 할아버지를 고래 배 속에서 만나 함께 탈출했어요. 그리고 사람의 몸을 얻어서 성실하게 살았어요.

반대 표현

마중지봉(麻中之蓬)
삼밭에서 자라난 쑥이란 뜻으로, 주변 환경과 사람이 좋으면 그 영향을 받는다는 의미이다.

문방구는 넓은 의미에서 글을 쓰고 그림을 그릴 때 사용하는 도구를 뜻하고, 좁은 의미로는 문방사우라고 하여 종이, 붓, 먹, 벼루, 네 가지를 뜻하는 말로 쓰이기도 합니다.

지렁이도 밟으면 꿈틀한다

천사 같은 사람이라도 호랑이처럼 무시무시해질 때가 있지요? '지렁이도 밟으면 꿈틀한다.'는 보잘것없어 보이는 사람이나 순하고 성격 좋은 사람이라도 업신여기면 가만있지 않는다는 것을 뜻해요.

교과서 사회 5학년 2학기 2단원 사회의 새로운 변화와 오늘날의 우리 – 동학 농민 운동

동학 농민 운동

전라도 고부에 새로 부임한 군수 조병갑은 횡포를 일삼는 인물이었습니다. 무자비하게 농민들을 수탈하고, 어마어마한 세금을 걷어 갔어요. 지렁이도 밟으면 꿈틀한다고, 이에 분노한 농민들이 전봉준을 지도자로 세우고 관아에 쳐들어갔어요. 거둬들인 곡식은 다시 가난한 백성들에게 나눠 주었죠. 하지만 그 이후에도 관리들의 수탈은 멈추지 않았어요. 전봉준은 고통받는 백성들을 위해 싸울 결심을 다졌습니다. 이렇게 전개된 동학 농민 운동은 우리 역사에서 가장 큰 농민 운동이었답니다.

패트릭 헨리

1776년 미국이 독립을 선언하기 전에는 영국의 지배를 받았어요. 한때 세계 곳곳에 식민지를 둔 영국은 갖가지 세금을 과도하게 부과하는 등 식민지에 지나친 횡포를 부렸습니다. 이에 미국 13개 주의 대표가 몰래 모여 회의를 진행했습니다. 의회는 영국 국왕에게 부당한 법을 폐지해 달라는 탄원서를 보냈지요. 탄원서가 무시되자 버지니아 주의 의원인 패트릭 헨리는 사람들 앞에서 연설했어요. 거기서 명언이 나왔습니다. "나에게 자유를 달라, 아니면 죽음을 달라!" 지렁이도 밟으면 꿈틀한다고, 영국의 핍박을 받았던 미국인들은 패트릭 헨리의 연설에 감동을 받아 자유를 위한 투쟁을 벌였습니다. 이후 8년 동안 벌어진 투쟁 끝에 미국은 독립을 이루게 되었습니다.

비슷한 표현

느린 소도 성낼 적이 있다
아무리 약하고 순한 존재라도 못살게 굴면 대항한다는 뜻이다.

 체구가 왜소했던 전봉준은 '녹두 장군'이라고 불렸죠. 전봉준이 죽자 사람들은 "새야 새야 파랑새야 녹두밭에 앉지 마라. 녹두꽃이 떨어지면 청포 장수 울고 간다."라는 노랫말을 지어 전봉준의 죽음을 슬퍼했습니다.

불난 집에 부채질한다

불난 집에 부채질을 하면 어떻게 될까요? 조그맣던 불꽃이 점점 몸집을 불릴 것입니다. 불 끄는 방법이 잘못된 것이지요. 곤란한 사람을 도와주려다 오히려 더 난처하게 만들거나, 화난 사람의 성질을 오히려 돋우면 '불난 집에 부채질한다.'라고 말해요.

교과서 국어 6학년 1학기(가) 2단원 이야기를 간추려요 – 황금 사과

백결 선생과 방아 타령

백결 선생은 신라에서 손꼽히는 거문고 연주자였지만, 돈에는 도통 관심이 없어 백 번은 더 기운 옷을 입고 다닐 정도로 가난했어요. 새해가 되자 온 마을에서는 새해를 맞이하기 위한 떡을 만드느라 찧는 소리가 넘쳐났지만, 백결 선생의 집은 떡 만들 쌀이 없어 조용했죠. 백결의 아내가 말했어요. "우리 집에서도 떡방아 찧는 소리가 나면 얼마나 좋아요!" 그 푸념에 백결은 자신이 직접 떡방아를 찧어 주겠다며 거문고를 들고 왔어요. 불난 집에 부채질하듯, 그는 방아 찧는 소리를 연주했고 아내는 기가 막혀 울다 웃었답니다.

물고기가 된 용 세 마리

신라에 찾아온 당나라 사신이 한 달간 머물다 돌아가기 전날 밤이었어요. 신라 왕에게 두 여자가 찾아왔어요. "당나라 사신이 본래 용인 두 남편과 분황사 우물에 있는 용까지 물고기로 만들어 몰래 통 속에 담아 가져 가려고 합니다. 부디 돌려놔 주십시오." 그 말을 들은 왕은 다음 날 연회를 열어 사신을 회유했습니다. 하지만 불난 집에 부채질하듯, 사신들은 말을 듣지 않고 오히려 더 무례하게 굴었습니다. 결국 왕은 사신에게 용들을 돌려놓지 않으면 벌을 받게 될 거라며 위협했고, 그제야 사신들은 잘못을 사과하며 용을 원래 자리에 돌려놓았습니다.

비슷한 표현

알묘조장(揠苗助長)
성급하게 이익을 보려다가 오히려 손해를 입는다.

 물질을 타게 하는 연소 조건에는 타는 물질, 타게 만들 열, 산소, 이 세 가지가 있어요. 우리가 잘 아는 소화기는 이 중에서 산소를 차단하여 불을 끄는 원리를 이용한 것입니다.

고양이 쥐 생각

쥐를 잡아먹는 고양이가 쥐를 걱정한다면 그건 진실한 마음일까요? 속으로 해칠 생각이면서, 겉으로는 위해주는 척한다면 '고양이 쥐 생각'이라고 비유할 수 있습니다.

교과서 국어 1학년 1학기(나) 7단원 생각을 나타내요 – 별주부전

딱딱산

옛날에 한 노부부가 못된 너구리에게 괴롭힘 당했어요. 어느 날 노부부에게 은혜 입은 토끼는 너구리에게 복수를 다짐하며 너구리와 함께 땔감을 구하러 갔어요. 그리고 몰래 너구리가 등에 진 나무에 부싯돌을 딱딱 부딪쳐 불을 피웠어요. 너구리가 방금 딱딱거리는 소리는 뭐냐고 묻자, 토끼는 이 산이 딱딱산이라 그렇다고 대답했죠. 나무에 붙은 불 때문에 너구리의 등은 홀라당 다 타 버렸습니다. 고양이 쥐 생각한다고, 토끼는 약을 가져와 너구리 등에 발라 줬어요. 그런데 그 약은 고춧가루를 섞은 된장이라, 너구리는 아파서 엉엉 울었답니다.

다자구야

한 할머니가 원님을 찾아와 산적을 잡을 한 가지 방법을 제시했습니다. 이튿날, 할머니는 산에 올라가 크게 외쳤어요. "다자구야! 다자구야!" 그 소리를 들은 산적들이 나타나 그게 무슨 뜻이냐고 물었습니다. 할머니는 눈물을 글썽이며 집을 나가 산적이 된 아들의 이름이라고 했죠. 산적 두목은 할머니를 불쌍히 여겨 자신들과 함께 생활하게 했습니다. 두목의 생일이 되자 산적들은 잔치를 벌였어요. 할머니는 일부러 산적들에게 더욱 술을 권했습니다. 마치 고양이 쥐 생각하듯이 말이죠. 이윽고 모든 산적이 취해 잠들자 할머니가 외쳤습니다. "다자구야!" 숨어 있던 포졸들이 그 소리를 듣고 산적 소굴을 덮쳐 모두 잡아갔답니다.

비슷한 표현

소중유도(笑中有刀)
웃고 있지만 마음에 칼을 품고 있다는 뜻으로, 겉과 달리 해치려는 무서운 마음을 갖고 있음을 말한다.

지금 우리에게 경찰서가 있다면 조선 시대에는 포도청이라고 하는 곳이 있었어요. 포도청은 범죄자를 잡아 다스리고 마을의 안전을 위해 순찰하는 일을 했던 관서랍니다. 포졸은 포도청에 속한 군졸을 말하죠.

약방에 감초

감초는 한약에 자주 들어가는 약재입니다. 그러니 약방에는 반드시 감초가 항상 있어야 하겠지요. 이처럼 어떤 일에나 빠짐없이 끼어들거나, 참견하기 좋아하는 사람을 '약방에 감초'라고 비유한답니다.

교과서 국어 4학년 2학기(가) 4단원 이야기 속 세상 – 피터 팬

말에서 떨어진 태종

임금님이 있는 곳이면 약방에 감초처럼 늘 함께하는 이들이 있었습니다. 그들은 사관이라고 불리며, 임금님의 말과 행동, 당대의 사회 모습 등을 세세하게 기록하여 역사서로 편찬하는 일을 했어요. 특히 조선 태종 때, 말에서 떨어진 왕은 사관에게 이 일을 알리지 말라고 했습니다. 하지만 민인생이란 사관은 태종이 알리지 말라고 한 말까지도 기록했죠. 역사를 바르고 세세하게 적어 준 사관 덕분에 우리의 소중한 역사는 지금까지 전해지고 있답니다.

귀신들의 왕 비형

귀신이 있는 곳이면 약방에 감초처럼 등장하는 이가 있었어요. 바로 귀신을 부릴 줄 아는 비형이라는 사람이었습니다. 왕은 소문을 듣고 비형을 시험하려고 하룻밤에 다리 하나를 세워 보라고 시켰어요. 비형은 귀신들을 시켜 간단히 다리를 만들었죠. 왕은 놀라워하며 혹시 인간 세계에서 나라를 위해 일할 귀신은 없느냐고 비형에게 물었어요. 비형은 길달이라는 귀신을 소개했습니다. 그리하여 길달은 집사라는 벼슬을 받고 나랏일을 하였어요. 하지만 귀신이 사람처럼 지낼 순 없었는지, 길달은 여우로 둔갑하여 도망쳐 나왔습니다. 이를 알게 된 비형은 길달을 찾아내서 죽였고, 그 후로 귀신들은 비형이란 이름만 들으면 벌벌 떨었답니다.

 **비슷한 표현**

탕약에 감초 빠질까
무슨 일에나 빠지지 않고 끼어드는 사람을 이르는 말.

 우리가 잘 알고 있는 '조선왕조실록'이란 역사서가 사관이 적은 기록으로 만든 책입니다. 조선왕조실록은 태조부터 철종까지 조선 472년간의 역사를 기록하였으며, 현재는 유네스코 세계기록유산에 등재되어 있습니다.

부모 말을 들으면 자다가도 떡이 생긴다

우리를 생각해 주는 사람의 말은 금보다도 가치가 있어요. 가끔은 그런 사람이 하는 소리가 쓴소리나 잔소리처럼 들릴 수도 있지만, 귀담아들으면 분명 큰 도움이 될 거예요.

교과서 국어 2학년 1학기(가) 3단원 마음을 나누어요 – 이름 짓기 가족회의

아버지의 유언

게으른 세 아들을 둔 농부가 죽기 직전에 유언을 남겼습니다. "내가 죽거든 포도밭을 파 보렴. 거기에 보물을 숨겨 놨단다." 얼마 지나지 않아 아버지가 돌아가시자 세 아들은 삽을 들고 열심히 밭을 파기 시작했어요. 하지만 겨울이 지나고 봄이 다가왔는데도 보물을 찾지 못했죠. 포기하려던 그때 큰형이 소리쳤습니다. "보물이야!" 그것은 푸르게 돋아난 새싹들이었습니다. 땅을 파니 밭이 비옥해진 거죠. 부모 말을 들으면 자다가도 떡이 생긴다고, 아들들은 노력의 중요성을 깨닫고 부지런히 포도밭을 일구며 살았답니다.

한석봉

어린 시절 한석봉은 스승에게 학문을 배우다가 홀로 계신 어머니가 걱정되어 집으로 돌아왔어요. 어머니가 왜 왔느냐고 묻자, 한석봉은 공부를 열심히 해서 더는 배울 것이 없다고 대답했죠. 그러자 어머니가 말했습니다. "그럼 불을 끄고 나는 떡을 썰 테니, 너는 글씨를 써 보거라." 어둠 속에서 한석봉은 글씨를 쓰고, 어머니는 떡을 썰었습니다. 다시 불을 켜고 보니 어머니가 썬 떡은 고르고 반듯한 데 비해 한석봉의 글씨는 엉망이었죠. 한석봉은 큰 깨달음을 얻으며, 어머니의 말대로 다시 공부하러 떠났어요. 부모 말을 들으면 자다가도 떡이 생긴다죠? 이후 한석봉은 훌륭한 명필가로 이름을 떨쳤습니다.

반대 표현

세 살 먹은 아이 말도 귀담아들으랬다
어린아이의 말이라도 도움이 될 수 있으니, 소홀히 듣지 말라는 의미이다.

 한석봉의 이름은 '한호'로, '석봉'은 그의 호였어요. 호는 본이름 외에 편하게 부를 수 있는 이름인데요, 삼국 시대 이래로 사용됐어요. 호는 자신이 좋아하는 것, 가치관 등을 반영하게 자유롭게 지을 수 있었어요.

낫 놓고 기역 자도 모른다

낫은 기역 자를 닮은 농기구예요. 그런 낫을 보며 기역 자를 떠올리기는 쉽죠. 그런 낫을 보고도 기역 자를 모른다는 건, 그만큼 아는 것 없이 무식하다는 것을 의미해요.

교과서 국어 4학년 2학기(가) 4단원 이야기 속 세상 – 바보 온달과 평강 공주

바보 원님

옛날 어느 마을에 새 원님이 부임했습니다. 하루는 가느다란 그믐달이 뜬 것을 본 원님이 달이 왜 이렇게 작냐고 하인에게 물었습니다. "지난해 흉년이 들어서 이웃 마을에 달을 팔아 곡식을 구했습니다." 낫 놓고 기역 자도 모르는 바보였던 원님은 그 말을 믿고, 하인에게 천 냥을 주며 달을 되사오라고 시켰죠. 하인은 얼마 뒤 반달이 뜰 때 다시 돌아왔습니다. 원님이 왜 여전히 달이 작냐고 묻자 하인은 돈이 모자랐다고 답했어요. 원님은 하인에게 오천 냥 더 주며 나머지를 사 오라고 했습니다. 마침내 아름다운 보름달이 뜨자 원님은 "저런 달은 오천 냥도 아깝지 않구나."라며 감탄했답니다.

무식한 두더지

땅속에는 제대로 아는 건 하나도 없으면서 잘난 척만 하는 두더지가 살고 있었어요. 두더지는 툭하면 자신이 제일 똑똑하다고 떠벌리며 다녔습니다. 아들이 걱정스러운 엄마 두더지는 아들을 실험하기로 했어요. 아들 두더지에게 냄새나는 양파를 보여 주면서 이게 무엇인지 아냐고 물었어요. 두더지가 자랑스럽게 웃으며 감자라고 답했습니다. 낫 놓고 기역 자도 모르는 꼴이었죠. 엄마 두더지는 "얘야, 너는 냄새 맡는 능력도 없어진 거니?"라고 말하면서, 바보 같은 아들을 보며 한숨만 푹푹 쉬었습니다.

 반대 표현

하나를 듣고 열을 안다
한 마디 말만 들어도 여러 가지를 알아낼 만큼 총명하다는 의미이다.

 달은 지구 주변을 공전하면서 태양 빛을 반사시켜 빛을 냅니다. 그래서 달은 지구, 태양, 달의 위치가 변하면 모습을 바꾸는데 이를 달의 위상 변화라고 말합니다. 그믐달은 음력 매달 26~27일경에 관찰할 수 있는 달이에요.

마른하늘에 날벼락

화창한 하늘에서 느닷없이 벼락이 친다면 그것만큼 당혹스러운 일도 없을 거예요. '마른 하늘에 날벼락'은 뜻밖의 상황에서 맞닥뜨리는 곤경을 의미해요.

교과서 국어 3학년 2학기(나) 8단원 글의 흐름을 생각해요 – 베짱베짱 베 짜는 베짱이

견우와 직녀

하늘 나라에는 베를 잘 짜는 직녀와 성실한 목동 견우가 있었어요. 옥황상제는 자신의 손녀인 직녀를 견우와 결혼시켰습니다. 사랑에 빠진 두 사람은 막상 일을 소홀히 하고 게으름만 피웠어요. 옥황상제는 크게 화가 나서 은하수를 사이에 두고 견우와 직녀를 멀리멀리 떨어뜨렸습니다. 견우와 직녀에겐 마른 하늘에 날벼락과도 같은 일이었지요. 옥황상제는 일 년에 단 한 번 칠석에 만날 수 있도록 허락했지만, 은하수에는 다리가 없어서 만날 수 없었습니다. 눈물만 흘리는 두 사람을 안타깝게 본 까치와 까마귀는 하늘을 날아 직접 다리를 만들어 줬어요. 그 덕에 견우와 직녀는 행복한 시간을 보낼 수 있었습니다.

스티븐 호킹 박사

과학자를 꿈꾸던 스티븐 호킹이 대학을 다닐 때였습니다. 갑자기 어지러움을 느낀 스티븐은 중심을 잃고 계단에서 넘어졌습니다. 병원으로 호송된 그는 마른하늘에 날벼락 같은 소리를 들었습니다. 근육이 서서히 마비되는 루게릭병에 걸렸고, 2년도 못 산다는 이야기였죠. 하지만 그는 오랜 자신의 꿈을 포기하지 않았어요. 몸이 점점 불편해져도 스티븐은 연구에 매진했습니다. 그는 의사가 말한 2년을 훌쩍 넘어 30년 동안 병마를 이겨 내며 과학자로서 위대한 업적을 남겼답니다.

 비슷한 표현

청천벽력(靑天霹靂)
예기치 못한 큰 불행이나 사건을 의미한다.

 스티븐 호킹 박사는 우주의 비밀을 밝히기 위해 많은 노력을 했어요. '특이점 정리'와 '호킹 복사' 이론 등 우주와 양자 중력에 대한 연구로 학계에서 뛰어난 성과를 인정받았죠. 또한 저서 《시간의 역사》를 통해 과학의 대중화에 크게 기여하였습니다.

병 주고 약 준다

남에게 해를 입히고선 나중에야 도와주는 사람이 있어요. 그러한 사람들을 보고 '병 주고 약 준다.'라고 말할 수 있습니다.

교과서 국어 1학년 2학기(나) 6단원 고운 말을 해요 – 흥부와 놀부

뱃사공 손돌

몽골의 침입으로 고려는 수도를 강화도로 옮기게 되었어요. 손돌이라는 뱃사공이 왕에게 강화도로 가는 뱃길을 안내했습니다. 그런데 가면 갈수록 물살이 거세지고 앞도 잘 보이지 않았죠. 손돌은 이곳이 길이 막혀 보이나 가장 안전한 길이라고 했어요. 하지만 왕은 손돌이 속셈을 숨기고 있다고 오해하여 그를 죽이라 명했죠. 손돌은 자신이 죽거든 물에 바가지를 띄우고 그것을 따라가라는 말을 남기고 죽었어요. 그런데 정말로 그의 말처럼 배를 몰자 무사히 강화도에 도착했어요. 병 주고 약 주는 격이었지만, 뒤늦게 손돌의 충정을 깨달은 왕은 무덤을 만들어 억울한 그의 넋을 위로했답니다.

아우의 마음

아버지가 돌아가시자 유일한 유산인 논을 동생이 바득바득 가져갔어요. 순한 형은 남의 집 셋방살이로 들어갔죠. 동생은 논을 이용하여 독하게 돈을 벌어댔습니다. 세월이 흐르고 부자가 된 동생은 형님을 모시러 왔다며 찾아왔어요. 형은 병 주고 약 주는 거냐며 단단히 화가 나 있었죠. "사실 순한 형님이 그 논마저 팔아 아버지 장례에 다 쓰실까 봐 제가 가지고 있었던 것입니다. 형님, 부디 화를 푸세요." 동생의 진심 어린 말에 형은 오해를 풀고, 형제는 다시 사이좋게 살았답니다.

반대 표현

권상요목(勸上搖木)
남에게 나무를 오르라 해 놓고선 흔들어 떨어뜨린다는 의미로, 남을 부추기고선 낭패 보도록 방해하는 것을 뜻한다.

 약을 먹을 때는 같이 먹는 음식도 신경을 써야 해요. 위장약은 우유와 함께 먹으면 구토나 설사 등의 부작용을 일으킬 수 있고, 감기약은 글루쿠론산이 함유된 양배추, 브로콜리 등의 채소와 함께 먹으면 약효가 사라질 수도 있어요. 해열진통제는 탄산음료, 주스와 상극이므로 주의해야 합니다.

호랑이도 제 말 하면 온다

깊은 산의 호랑이도 누군가 자기 이야기를 하면 찾아온다는 뜻으로, 사람도 똑같이 자신에 관한 말이 나오면 공교롭게 나타난다는 말이에요. 그러니 그 자리에 당사자가 없더라도 말을 함부로 하면 안 되겠죠?

교과서 국어 2학년 2학기(가) 1단원 장면을 떠올리며 – 호랑이와 곶감

유이태 탕

하루는 명의로 유명한 유이태가 길을 걷는데, 한 집의 담장 아래서 '유이태 탕'이라고 적힌 약봉지를 달이는 모습을 보았어요. 유이태는 그 집 사람에게 물었어요. "지금 무슨 약을 달이고 있는 겁니까?" 그랬더니 그 사람이 한숨을 쉬었습니다. "그건 약이 아닙니다. 명의 유이태라면 아버지의 깊은 병을 고칠 수 있을 텐데, 도통 그를 찾을 방법이 없어서 이렇게 한 것이지요." 호랑이도 제 말하면 오는 것처럼, 우연히 자신의 도움이 필요한 집에 오게 된 유이태는 그 집 아버지의 병을 정성스레 치료해 줬다고 합니다.

호랑이와 곶감

옛날에 한 어머니가 우는 아이를 달래고 있었어요. 온갖 방법으로 달랬지만 아이는 울음을 그치지 않았어요. 그러자 어머니가 근엄한 목소리로 말했어요. "얘야, 울음을 그치지 않으면 호랑이가 온단다." 그런데 호랑이도 제 말 하면 온다고, 마침 마을로 내려온 호랑이가 그 소리를 엿듣고 있었습니다. 호랑이가 온다는 말을 듣고도 여전히 울고 있던 아이가 어머니의 "여기 곶감 봐라."라는 말에 울음을 뚝 그쳤어요. 호랑이는 그 모습을 보고는 곶감이라는 놈이 자기보다 무서운 존재구나라고 생각했어요. 그때 하필 도둑이 들어와 호랑이를 소로 착각하고 호랑이 등에 올라탔어요. 호랑이는 제 등에 탄 것이 곶감인 줄 알고 혼비백산하여 달아나 버렸답니다.

 비슷한 속담

까마귀 제 소리 하면 온다
다른 사람에 관한 이야기를 하는데 우연히 그 사람이 찾아오는 경우를 말한다.

 껍질을 벗겨 말린 감을 곶감이라고 합니다. 그런데 이 쫀깃하고 달콤한 곶감 표면에 묻은 하얀 가루의 정체를 알고 있나요? 이는 과육 표면 근처에 있는 과당과 포도당이 건조되는 과정에서 생겨난 것이랍니다.

한 귀로 듣고 한 귀로 흘린다

한 귀로 듣고 다른 한 귀로 말을 흘려보내면 내 머릿속에 아무것도 남아 있지 않겠죠? '한 귀로 듣고 한 귀로 흘린다.'는 다른 사람의 말을 무관심한 자세로 대강 들을 때 하는 말이에요.

교과서 국어 1학년 2학기(가) 4단원 바른 자세로 말해요 – 딴생각하지 말고 귀 기울여 들어요

양치기 소년

심심했던 양치기 소년은 장난으로 언덕에서 소리쳤습니다. "늑대가 나타났다!" 그 소리에 마을 사람들은 무기를 들고 헐레벌떡거리면서 언덕으로 올라왔어요. 하지만 그 어디에도 늑대는 없었고 양들은 평화로웠어요. 실실 웃는 소년을 보고선 장난인 걸 깨달은 마을 사람들은 화를 내며 돌아갔습니다. 이후에도 소년은 똑같은 장난을 반복했고, 그때마다 마을 사람들은 언덕을 오갔어요. 그러다 진짜로 늑대가 나타났어요. 소년은 절박하게 늑대가 나타났다며 외쳤지만, 마을 사람들은 이번에도 거짓말인 줄 알고 소년의 외침을 한 귀로 듣고 한 귀로 흘렸어요. 결국 소년은 늑대가 양들을 모조리 잡아먹을 때까지 지켜볼 수밖에 없었죠.

개미와 베짱이

따뜻한 계절 동안 개미는 땀을 뻘뻘 흘리며 일을 했지만, 베짱이는 그저 노래 부르고 춤추기에만 바빴어요. 개미는 베짱이에게 조언했습니다. "지금 놀면 겨울에 무척 힘들 거야." 하지만 베짱이는 그런 조언을 한 귀로 듣고 한 귀로 흘렸죠. 어느덧 매서운 추위가 찾아오고, 베짱이는 덜덜 떨며 개미를 찾아갔어요. 개미는 베짱이를 안쓰럽게 여기며 음식과 잘 곳을 제공해 줬습니다. 베짱이는 깊이 반성하며, 겨우내 개미를 위한 신나는 노래를 연주했답니다.

 **비슷한 표현**

귓전으로 듣다
건성으로 이야기를 듣다.

 개미는 몸집이 아주 작지만, 힘은 장사예요. 사람이 자기 몸무게의 0.9배를 들 수 있다면 개미는 30~40배를 들어 올릴 수 있다고 합니다.

개구리 올챙이 적 생각 못한다

개구리가 꼬리 달린 올챙이였던 어린 시절을 까맣게 잊었다는 뜻이에요. 형편이 나아진 사람이 옛날 일들은 생각하지 않고, 원래부터 잘난 듯이 우쭐대는 것을 말합니다.

교과서 국어 3학년 1학기(가) 1단원 재미가 톡톡톡 – 으악, 도깨비다!

감은장 아기

거지 부부는 세 딸을 낳아 길렀는데, 복 많은 막내딸 감은장 아기가 태어나자 거지 부부는 부자가 됐죠. 부부는 개구리 올챙이 적 생각 못하고 오만해졌어요. 어느 날, 부부는 효심을 확인하려 지금 잘사는 게 누구 덕인지 딸들에게 물었습니다. 첫째와 둘째는 부모님 덕이라고 했지만, 감은장 아기는 자기 덕이라고 말했어요. 화가 난 부부는 감은장 아기에게 나가라고 소리쳤습니다. 감은장 아기를 내쫓은 부부는 다시 가난해지다 못해 장님이 되어 버렸죠. 한편 결혼해 잘살던 감은장 아기는 부모님이 걱정되어 찾아다녔죠. 마침내 부모님을 다시 만난 감은장 아기는 지나간 일은 잊고 부모님을 잘 모시며 살았다고 해요.

겸손을 깨달은 맹사성

어린 나이에 장원 급제한 맹사성은 개구리 올챙이 적 생각 못하고, 자만에 차 있었죠. 그는 한 스님을 찾아가 고을을 잘 다스릴 방법을 물었습니다. 스님이 나쁜 짓 말고 착한 일을 하면 된다고 하자, 맹사성은 당연히 알고 있다며 투덜댔어요. 그때 스님이 차를 맹사성 찻잔에 넘쳐흐를 정도로 따라 주었어요. 맹사성이 차가 넘쳐서 바닥을 적시고 있다고 하자 스님이 말했어요. "찻잔이 넘쳐 방바닥을 적시는 건 알고, 지식이 넘쳐 인격을 망치는 건 왜 모르십니까?" 스님의 말에 맹사성은 부끄러워하며 자기 자신을 되돌아봤답니다.

 반대 표현

물망재거(勿忘在莒)
거기에 있었음을 잊지 말라는 뜻으로, 어려운 시절을 기억하며 항상 경계하라는 것을 의미한다.

 청백리는 청렴하고 결백한 관리를 부르는 말이에요. 조선 시대 의정부에서는 그런 관리를 선발해 청백리라는 호칭을 주었어요. 청백리에 선발되면 자손들에게도 혜택이 있었답니다.

속담 퀴즈

비슷한 표현을 찾아 선으로 이어 주세요.

잔디밭에서 바늘 찾기　●　　　　　●　청천벽력

마른하늘에 날벼락　●　　　　　●　서울 가서 김 서방 찾는다

비 온 뒤에 땅이 굳는다　●　　　　　●　구한감우

빈칸에 알맞은 단어를 넣어 주세요.

❶ 꿩 먹고 ☐ 먹는다

❷ 호미로 막을 것을 ☐☐ 로 막는다

❸ ☐☐☐ 도 제 말 하면 온다

답: 잔디밭에서 바늘 찾기 — 서울 가서 김 서방 찾는다, 마른하늘에 날벼락 — 청천벽력, 비 온 뒤에 땅이 굳는다 — 구한감우
① 알, ② 가래, ③ 호랑이

속담 따라 쓰기

이번 장에 나왔던 주요 속담을 떠올려 한 글자씩 따라 써 보며 의미를 되새겨 봅시다.

병 주고 약 준다

부모 말을 들으면 자다가도 떡이 생긴다

먹을 가까이하면 검어진다

우물 안 개구리

소문난 잔치에 먹을 것 없다

5장

구르는 돌에는 이끼가 안 낀다

구르는 돌에는 이끼가 낄 시간도 없어요. 그래서 꾸준히 노력하는 사람은 침체 없이 계속 앞을 향해 나아가죠. 하지만 만약 멈춘 돌에 이끼가 생긴다고 해도 걱정하지 마세요. 다시 구르기 시작하면 이끼들은 금세 떨어져 나갈 테니까요.

서당 개 삼 년에 풍월을 읊는다

전혀 관심도 없고 관련이 없는 분야라고 해도, 한 분야에 오랫동안 몸을 담그면 지식과 경험이 쌓이기 마련입니다. 서당에서 오랜 시간 글 읽는 소리를 들으면 천자문 정도는 개조차도 따라 할 줄 알게 된다는 것이죠.

교과서 국어 6학년 2학기(나) 8단원 작품으로 경험해요 – 대상주 홍라

부채 오래 쓰기

어느 마을에 인색하기로 소문난 노인이 있었어요. 어느 날, 지인이 노인에게 선물로 부채 하나를 보내왔습니다. 노인은 세 아들을 불러 물었어요. "너희는 이 부채를 얼마나 쓸 수 있을 것 같으냐?" 둘째와 셋째가 일 년쯤 쓸 수 있다고 대답하자 노인은 불같이 화냈습니다. 서당 개 삼 년이면 풍월을 읊는다고, 그때 첫째가 나섰지요. "이십 년은 충분히 쓸 수 있습니다. 부채를 손에 쥐고 머리만 흔들면 부채가 상하지 않아 오래 쓸 수 있지요." 노인은 그 대답을 듣고 매우 흡족해 했답니다.

운전사의 재치

아인슈타인 박사는 세계적으로 명성을 떨치며 여러 곳에서 강연을 많이 했어요. 그와 일정을 같이한 운전사가 강연을 하도 많이 들어 자신이 대신할 수 있을 것 같다고 우스갯소리로 말할 정도였죠. 하루는 장난으로 두 사람이 옷을 바꿔 입고 강연 장소에 왔습니다. 서당 개 삼 년이면 풍월을 읊는다고, 운전사는 완벽하게 박사를 흉내 내며 강의 마쳤어요. 그때 누군가 박사가 아니면 대답하기 어려운 질문을 했습니다. 잘못하다간 망신을 당할 위기였죠. 하지만 운전사는 재치 있게 "제 운전사가 대신 답할 수 있을 만큼 간단한 질문이군요."라고 말했고, 운전사 옷을 입은 박사가 자연스럽게 대답할 수 있었습니다.

 반대 표현

우이독경(牛耳讀經)
소귀에 경 읽는다는 뜻으로, 아무리 가르쳐 줘도 알아듣지 못한다는 말이다.

 아인슈타인은 독일 태생의 미국 물리학자입니다. 그는 광양자설, 특수 상대성 이론, 일반 상대성 이론 등을 연구하고 발표하여 과학계에 한 획을 그었죠. 이에 연구 업적을 인정받아 1921년에는 노벨물리학상을 받았답니다.

바늘 가는 데 실 간다

바늘과 실은 서로를 필요로 하며 떨어지려야 떨어질 수 없는 관계예요. 사람도 꼭 실과 바늘을 닮은 관계가 있어요. 꼭 붙어 다니는 즐거운 친구나 함께 있으면 행복한 가족처럼 말이죠. 이런 긴밀한 사이를 '바늘 가는 데 실 간다.'라고 비유한답니다.

교과서 국어 3학년 2학기(나) 7단원 글을 읽고 소개해요 – 바위나리와 아기별

정선과 이병연

정선과 이병연은 인왕산 끝자락에 있는 마을에서 태어났어요. 어릴 적부터 두 사람은 바늘 가는 데 실 가는 것처럼 어디든 함께했고 금강산도 여행하며 서로의 그림과 시를 함께 나눴습니다. 그러다가 이병연이 병으로 앓아누웠고, 정선은 쾌유를 비는 마음에서 인왕제색도를 그렸어요. 하지만 야속하게 이병연은 얼마 지나지 않아 세상을 떠났고, 절친한 친구의 죽음에 슬퍼하던 정선도 몇 년 뒤 목숨을 다했다고 합니다.

말 머리를 벤 김유신

김유신이 화랑일 적에 천관녀라는 기생에게 푹 빠졌어요. 김유신은 천관녀와 함께하는 시간을 즐거워하며 하루도 거르지 않고 기방에 갔어요. 김유신이 천관녀에게 푹 빠져 지낸다는 소문을 듣게 된 김유신의 어머니가 김유신을 불러다 혼을 냈습니다. "나라를 위해 노력해도 모자랄 시간에 한눈을 팔다니!" 김유신은 어머니의 꾸지람에 반성하고 다시는 천관녀를 만나러 가지 않기로 다짐했어요. 천관녀를 만날 수 없는 괴로움을 술로 달랜 어느 날 밤, 김유신은 무심코 잠들었다 깨어나 보니 기방 앞에 있었어요. 김유신의 말이 평소 습관처럼 기방을 향해 갔던 거죠. 그러자 김유신은 그 자리에서 바늘 가는 데 실 가는 것처럼 항상 함께하던 말의 머리를 베어 버렸습니다. 그리고 다시는 천관녀를 만나지 않았다고 해요.

"하루 빨리 쾌차하길 바라네."

비슷한 표현

용 가는 데 구름 간다
반드시 함께 다녀 서로 떨어지지 않으려고 한다는 의미이다.

 김유신은 여러 전투에서 활약하며 신라에 승리를 안겨 준 장수였어요. 또한 삼국 통일의 주역인 인물이죠. 흥덕왕은 김유신에게 '흥무대왕'이라는 별칭을 내려 그의 대단한 업적을 기렸답니다.

산에 가야 범을 잡는다

호랑이를 잡겠다고 호언장담하고선, 집에만 있으면 호랑이는 물론이고 아무것도 잡을 수가 없어요. 내가 어떤 일을 이루고자 한다면 올바른 방향을 잡아 노력해야 합니다.

교과서 국어 5학년 1학기(가) 2단원 작품을 감상해요 – 유관순

무월랑과 연화

무월랑은 입신양명을 이룬 후에 연화와 결혼하기로 약속했어요. 산에 가야 범을 잡는다는 말처럼, 무월랑은 홀로 서울에 올라가 글공부에 전념했죠. 그러나 이 사정을 몰랐던 연화의 부모님은 다른 사윗감을 찾았어요. 연화는 이 사실을 편지로 써서 연못에 던졌습니다. 그러자 가장 큰 물고기가 편지를 삼키고 사라졌어요. 무월랑은 밥상에 오른 물고기 배 안에서 편지를 발견했어요. "이건 연화의 편지잖아!" 그는 황급히 연화 부모님을 찾아가 그간의 일을 설명했어요. 그리고 마침내 두 사람은 부모님의 허락을 받아 결혼하여 행복하게 살았습니다.

청룡과 황룡

동해 어느 해안가 마을에선 언제부턴가 조기가 보이지 않았어요. 마을에서 활을 가장 잘 쏘는 청년의 꿈에 청룡이 나타나 황룡이 조기를 모두 연평도로 몰아가고 있다고 알려줬습니다. 그리고 자신과 황룡의 싸움을 보면 자신에게 화살을 쏘라고 했어요. 산에 가야 범을 잡는다고, 꿈에서 깬 그는 곧바로 두 용이 싸우고 있는 산에 올라갔습니다. "내가 활을 쏘면 분명 청룡이 죽고 말 텐데." 고민하던 청년은 끝내 청룡의 말을 어기고 황룡을 향해 화살을 쐈어요. 아침이 되어 다시 그곳에 가 보니 쓰러져 있던 건 청룡이었습니다. 그 탓에 동해에선 여전히 조기가 잡히지 않는다고 해요.

비슷한 표현

산에 가야 꿩을 잡고 바다에 가야 고기를 잡는다
무언가를 이루려면 그 방향을 올바르게 잡고 노력해야 그 목적을 이룰 수 있다는 말이다.

 조기는 민어과에 속하는 바닷물고기를 말해요. 우리나라에서는 동해를 제외한 서남해에서만 모습을 보이죠. 고온다습한 시기에 잡혀 상하기가 쉽기 때문에 예로부터 조기를 소금에 절여 말린 굴비로 많이 먹었습니다.

티끌 모아 태산

눈에 잘 보이는 큰 것만 쫓다 보면 그것이 작은 것들의 집합으로 이루어져 있다는 당연한 사실을 간과하기 쉬워요. 우리가 무시하는 푼돈이 모여 거금이 되고, 낭비하는 짧은 시간이 격차를 만들죠. 그러니 작고 하찮은 것도 우습게 봐선 안 된답니다.

교과서 국어 4학년 1학기(가) 2단원 내용을 간추려요 – 에너지를 절약하자

오성과 대장간

오성은 마을 대장간에 놀러 갈 때마다 대장간의 철 조각을 하나씩 주워 가지고 집에 돌아왔어요. 아버지는 그런 오성을 나무랐지만, 어머니는 언젠가 쓸모 있을 거라며 그대로 두었죠. 어느 날 노름에 빠진 대장장이는 대장간이 망해 빈곤해졌어요. 오성은 지금껏 모아 두었던 철 조각을 모두 대장장이에게 돌려줬습니다. 티끌 모아 태산이라고, 모아 놓은 철 조각의 양은 밑천 삼기에 충분했고 대장장이는 오성에게 고마워하며 다시 대장간을 열었답니다.

떡 자루와 돈 자루

어느 마을에 못된 부자 영감이 살고 있었습니다. 영감은 머슴에게 밥 대신 떡을 주었는데, 머슴은 먹고 남은 떡 부스러기를 자루에 모았어요. 티끌 모아 태산이라고, 어느새 자루 속에는 떡이 가득했죠. 어느 날 폭우가 내려 마을이 물에 잠겼습니다. 영감은 돈 자루를, 머슴은 떡 자루를 간신히 챙겨 산 위로 대피했어요. 그런데 비는 며칠간 계속 내렸고 영감은 배가 고팠어요. 이내 자루에서 떡을 꺼내 먹던 머슴을 발견한 영감은 돈 다섯 푼을 줄 테니 떡을 나눠 달라고 했어요. 머슴은 거절했습니다. 영감은 다시 제안했어요. "열 냥 줄 테니 어떤가?" 역시나 머슴은 거절했습니다. 결국 영감이 돈 자루를 통째로 내놓자 그제야 머슴은 영감에게 떡을 나눠 주었답니다.

 비슷한 표현

실도랑 모여 대동강 된다
작은 것이라도 차곡차곡 모이면 나중에 큰 것이 된다.

 기상청 예보 용어 해설에 따르면 보통 비는 시간당 강수량이 3~15밀리미터 미만, 강한 비는 15~30밀리미터 미만, 매우 강한 비는 30밀리미터 이상을 말한다고 하네요.

밑 빠진 독에 물 붓기

구멍이 뻥 뚫린 항아리에 물을 부으면 어떻게 될까요? 항아리를 채워야 할 물이 구멍 사이로 흐를 테니까 채워질 리 없을 거예요. 이렇게 애를 써도 보람 없는 일을 '밑 빠진 독에 물 붓기'라고 말해요.

교과서 국어 1학년 1학기(나) 7단원 생각을 나타내요 – 콩쥐팥쥐

저금하기

지수는 예쁜 새 물감을 갖고 싶어서 저금통에 돈을 저축하기 시작했어요. 하지만 다음 날, 친구들과 아이스크림을 사 먹으려고 저금통에 넣어 둔 동전을 꺼냈어요. 얼마 뒤엔 새 연필을 사고 싶어서 또 돈을 꺼냈어요. 저금통에 돈을 넣는 족족 다시 꺼내니, 그야말로 밑 빠진 독에 물 붓기였습니다. 그래서 지수는 저금통에서 돈을 꺼내는 구멍을 본드로 꽁꽁 막아 버렸어요. 그렇게 몇 달이 흐르고 저금통이 묵직해지자, 지수는 저금통을 부수었습니다. 그리고 그 돈으로 바라고 바라던 새 물감을 샀죠. 스스로 노력해서 이뤄내니 더 자랑스럽고 뿌듯했답니다.

쌀 도둑

농부가 곡간에 쌀을 채워 넣어도 쥐와 참새가 죄다 훔쳐 먹는 통에, 밑 빠진 독에 물 붓기나 다름없었어요. 농부가 고민을 토로하니, 사냥꾼 친구가 호랑이 가죽을 빌려줬어요. "이거면 쥐와 새가 호랑이인 줄 알고 도망갈 걸세." 농부는 호랑이 가죽을 가져가 볏짚을 모아 둔 더미 위에 올려 두었어요. 그날 밤, 쌀 도둑이 몰래 곡간에 들어섰다가 호랑이 가죽을 보고 화들짝 놀라 자기도 모르게 소리쳤어요. "호랑이다! 호랑이가 나타났다!" 그 소리를 듣고 뛰쳐나온 농부는 도둑을 발견하고선, 들고 있던 몽둥이로 쫓아냈답니다.

 비슷한 표현

노이무공(勞而無功)
애만 쓰고 보람이 없다는 의미이다.

 흙으로 빚어진 도자기 그릇에는 우리 눈에 보이지 않는 미세한 구멍들이 셀 수 없이 많이 있어요. 이 구멍들은 그릇의 안과 밖의 공기가 잘 통하도록 만들어 주어 음식을 오랫동안 보관할 수 있게 해요. 그래서 간장, 된장, 김치 등 발효 음식을 저장할 때 도자기가 많이 활용되는 것이죠.

쥐구멍에도 볕 들 날이 있다

작고 구석진 쥐구멍에는 볕이 안 들 것 같지만, 볕은 아주 작은 틈새라고 해도 속속들이 따뜻한 온기를 나누어 준답니다. 이 말은 아무리 어려운 처지에 놓인 사람에게라도 분명 좋은 일이 찾아오게 될 거란 뜻이에요.

교과서 국어 3학년 1학기(나) 10단원 문학의 향기 – 강아지 똥

월트 디즈니

월트 디즈니는 자신이 그린 만화 원고를 들고 여러 출판사를 가 봤지만, 번번이 거절당했어요. 게다가 지낼 곳조차도 마땅치 않은 상황이었죠. 이런 사정을 들은 한 교회의 목사는 월트에게 교회 창고를 내어 주었어요. 창고에는 허름하고 쥐가 들끓었어요. 월트는 쥐를 보고 새롭게 떠올린 아이디어를 열심히 만화로 그렸습니다. 쥐구멍에도 볕 들 날이 있다고, 귀여운 쥐 캐릭터를 그린 만화는 출판사의 긍정적인 반응을 이끌었죠. 이 캐릭터가 바로 우리에게 잘 알려진 미키 마우스랍니다.

아름다운 거짓말

밀레는 파리를 떠나 작은 마을로 내려왔어요. 그리고 그곳 농부들의 모습을 그림으로 담았죠. 하지만 작품이 잘 팔리지 않아 생활고를 겪어야 했어요. 그러던 어느 날 쥐구멍에도 볕 들 날이 있다고, 친구 루소가 누군가 밀레의 그림을 사고 싶어 한다는 소식을 전해줬습니다. 루소는 미리 돈을 받아 왔다며 그 자리에서 바로 값을 지불하고 그림을 가지고 갔죠. 덕분에 밀레는 한동안 여유롭게 지낼 수 있었어요. 우연히 루소의 집에 놀러 간 밀레는 그곳에서 자신의 그림을 발견하고 놀랐어요. "아니, 이게 왜 여기에 있는 거지?" 밀레는 루소가 자신을 위해 거짓말까지 하며 도와줬다는 사실을 깨닫고선 감동의 눈물을 흘렸습니다.

비슷한 표현

삽살개도 하늘 볼 날이 있다
언젠가 어려운 형편이 나아질 날이 찾아온다는 뜻이다.

 장 프랑수아 밀레는 다른 화가들과 달리 풍경보다 농민의 생활을 더 많이 그렸어요. 그의 주요 작품으로는 〈씨 뿌리는 사람〉, 〈이삭 줍는 사람들〉 등이 있죠. 앙리 루소 역시 프랑스의 화가였는데, 그는 사실과 환상을 교차해 독특한 작품관을 구성했지요.

사촌이 땅을 사면 배가 아프다

가까운 사람이 잘되면 기뻐하며 축하해 줘야 하는데, 샘이 많은 사람은 그런 모습을 보면 축하해 주기보다는 질투합니다. 오죽하면 배가 아플까요? 그래서 '사촌이 땅을 사면 배가 아프다.'라는 말이 있습니다.

교과서 국어 1학년 2학기(나) 6단원 고운 말을 해요 – 흥부와 놀부

흥부와 놀부

옛날에 착한 흥부와 심술궂은 놀부 형제가 있었습니다. 놀부는 가난한 흥부가 도움을 청해도 들은 척도 안 했습니다. 그러던 어느 날 흥부가 다리 다친 제비를 발견하여 치료해 줬습니다. 그러자 제비는 흥부에게 박씨를 하나 줬죠. 흥부가 이 박씨를 심자 이듬해 박이 열렸습니다. 박을 타 보자 그 안에는 금은보화가 가득했어요. 사촌이 땅을 사면 배가 아프다고, 이 소문을 듣고 샘이 난 놀부는 제비의 다리를 일부러 부러뜨려 박씨를 받아 심었어요. 하지만 놀부네 박에서는 도깨비가 나와 놀부의 재산을 몽땅 가지고 가 버렸어요. 쫄딱 망한 놀부는 흥부를 찾아가 용서를 빌었고, 착한 흥부는 놀부를 받아 주어 다 같이 행복하게 살았답니다.

원숭이 흉내를 내려던 낙타

동물들의 무도회에서 원숭이가 멋지게 춤 솜씨를 뽐냈어요. 다른 동물들은 감탄하며 손뼉을 쳤죠. 사촌이 땅을 사면 배가 아프다고, 원숭이의 친구였던 낙타는 그 모습에 샘이 나서 무작정 무대 위로 올라갔어요. 하지만 평소 춤에 관심 없던 낙타는 무대에서 우스꽝스러운 움직임만 보여 주었고, 동물들은 실망했습니다. 결국 낙타는 비웃음과 야유를 받으며 무대에서 내려왔죠.

 비슷한 표현

반목질시(反目嫉視)
서로 미워하며 시기하다.

 낙타는 사막에 잘 적응할 수 있는 생김새를 가졌어요. 모래가 눈으로 들어오지 않도록 하는 긴 속눈썹을 가지고 있고, 모래에 잘 빠지지 않게 넓은 발바닥을 가지고 있지요. 낙타의 등에 난 혹에는 지방이 저장되어 있어 척박한 환경에서도 잘 견딜 수 있답니다.

빈 수레가 요란하다

짐이 가득 찬 수레는 흔들림이 없어서 소리를 내지 않지만, 빈 수레는 움직일 때 덜컹덜컹 요란하게 소리를 낸답니다. 실속 없는 사람이 더 말이 많고, 목소리가 큰 것처럼 말이에요.

교과서 국어 2학년 1학기(나) 11단원 상상의 날개를 펴요 – 토끼와 자라

두 개의 통

물이 든 통과 속이 텅 빈 통이 함께 여행하고 있었습니다. 가벼운 빈 통은 데굴데굴 빠르게 나아갔지만, 물이 든 통은 무거워 힘겹게 굴러가고 있었죠. 빈 통은 물이 든 통에게 느림보라고 핀잔을 주며 앞질러 갔어요. 그러다 자갈길이 나왔습니다. 물이 든 통은 소리 없이 묵묵히 그 길을 지났지만, 빈 통은 이리저리 튀며 구르는 탓에 시끄러웠죠. 사람들은 빈 수레가 요란하고, 실속 없는 것이 더 소란스럽다며 빈 통을 손가락질했답니다.

양초 도깨비

서울 구경을 다녀온 장 서방에게서 양초를 선물 받은 사람들은 훈장님을 찾아가 물었습니다. "훈장님, 양초가 도대체 무엇입니까?" 빈 수레가 요란하다고, 평소에 잘난 척하던 훈장님은 양초가 뭔지 모르면서도 사람들에게 그건 국 끓여 먹는 것이라고 말했죠. 그 말대로 양초 국을 먹은 사람들은 뒤늦게 장 서방이 양초에 불을 붙이는 걸 보고는 배에서 불이 날까 봐 허둥지둥 냇물로 뛰어들었어요. 우연히 그 모습을 본 나그네는 사람들이 머리만 내놓고 물에 들어가 있는 모습을 도깨비로 착각하여 도깨비가 무서워한다는 담뱃불을 붙였고, 사람들은 그 불이 자신들 몸에 붙을까 봐 물속에 들어갔습니다. 나그네는 자신이 도깨비를 내쫓은 줄 알고 기뻐했지요.

✏️ 비슷한 표현

안자지어(晏子之御)
윗사람의 위세만 믿고 우쭐대는 사람을 비유하는 말이다.

💡 옛날에는 양초로 시간을 확인했답니다. 그것이 바로 양초시계라고 불린 불시계의 일종이었지요. 양초시계는 양초가 타서 줄어드는 길이로 시간을 헤아렸으며, 간격마다 못과 같은 물건을 박아 놓아 녹으면서 떨어지는 소리에 시간을 알아차리기도 했습니다.

꾸어다 놓은 보릿자루

걱정이 있거나, 원래 말수가 적거나, 기분이 좋지 않은 등 여러 이유로 사람들은 말을 하지 않을 때가 있어요. 여러 사람이 모여 이야기를 나누는 가운데에서도 아무 말 하지 않고 조용히 있는 사람을 '꾸어다 놓은 보릿자루' 같다고 한답니다.

교과서 국어 2학년 2학기(가) 6단원 자세하게 소개해요 – 인어공주

말 없는 염탐꾼

폭정을 일삼던 연산군을 몰아내기 위해 여러 대신이 은밀하게 박원종 집에 모였어요. 여러 말이 오가며 의논을 하던 중 성희안은 아무 말도 없는 한 사람을 발견했습니다. 심지어 원래 오기로 한 사람보다 머릿수가 많다는 것도 알아차렸죠. 성희안은 조용히 박원종에게 말했습니다. "이 중에 염탐꾼이 한 명 있는 것 같소." 자세히 살펴보니 보릿자루에 누군가 갓과 도포를 씌워 둔 것이었죠. 여기에서 '꾸어다 놓은 보릿자루'라는 속담이 생겨났답니다.

에코와 나르키소스

에코는 수다 떨기를 좋아하는 님프였어요. 헤라가 하루는 제우스가 바람피우는 현장을 잡으려 했는데, 옆에서 조잘조잘 떠드는 에코 때문에 놓치게 되었죠. 헤라는 분노하여 에코에게 가혹한 벌을 내렸어요. 이 때문에 에코는 남에게 먼저 말을 걸 수 없고, 남이 한 말의 끝부분을 따라서 말하게 됐어요. 그날 이후로 에코는 꾸어다 놓은 보릿자루처럼 입을 꾹 닫고 있어야 했죠. 그러다 아름다운 청년 나르키소스에게 반한 에코는 속을 끙끙 앓다가 그와 이야기를 나누고 싶었어요. "너는 누구니?" "누구니?" "왜 내 말을 따라 해?" "따라 해?" 에코의 기이한 행동에 나르키소스는 에코를 상대하지 않고 떠나 버렸죠. 그러자 상처를 받은 에코는 동굴로 들어가 홀로 죽음을 맞이했습니다.

저기에 염탐꾼이 있는 것 같소!

비슷한 표현

꿀 먹은 벙어리
속마음을 말하지 못하고 입을 다물고 있는 사람을 표현한다.

 나르키소스는 샘물에 비친 자신의 모습을 보고 사랑에 빠졌습니다. 하지만 물에 비친 자신과 입을 맞출 수도 껴안을 수도 없었죠. 애만 태우던 나르키소스가 죽자 그 자리에는 수선화가 피어 있었다고 해요.

물이 깊을수록 소리가 없다

깊은 물은 흘러갈 때 고요합니다. 이처럼 '물이 깊을수록 소리가 없다.'는 덕이 높고 지혜로운 사람일수록 겸손한 태도를 지키며, 제 자랑을 떠벌리지 않는다는 말입니다.

교과서 도덕 6학년 3단원 나를 돌아보는 생활 - 이황과 콩밥

익명의 천사

사회가 곤경에 처할 때나 이웃이 어려움을 겪을 때면 드러내지 않고 도움을 주는 이들이 있습니다. 어떤 이는 수 년 동안 복지 시설에 쌀을 기부하는가 하면, 코로나 사태 때는 마스크를 비롯한 후원 물품을 동사무소로 보내는 사람도 있었어요. 물이 깊을수록 소리가 없다고, 이들은 이름을 밝히지 않고 묵묵히 자신의 힘이 닿는 한 어려운 사람들을 도우려 나섰지요. 그런 마음이 세상을 더 따뜻하고 살기 좋게 만드는 것은 아닐까요?

퇴계 이황

물이 깊을수록 소리가 없다고, 이황은 높은 벼슬자리를 마다하고 고향으로 내려와 아이들을 가르치며 생활했습니다. 어느 날 영의정 권철이 이황을 만나러 내려왔어요. "차린 건 없지만 많이 드시지요." 이황은 평소 제자들과 먹었던 소박한 상차림으로 대접했습니다. 권철은 입맛에 맞지 않아 얼마 먹지 않고 상을 물렸어요. 이황은 그 모습을 발견하고도 모르는 척, 다음 식사에도 똑같이 산나물과 보리밥을 올렸어요. 권철이 떠나는 날이 되고, 이황은 그를 배웅하며 말했습니다. "맛있는 걸 대접해 드리지 못해 죄송합니다. 하지만 대감께 올린 상은 백성들 음식에 비하면 좋은 음식인데도, 대감은 드시지 못하더군요." 권철은 부끄러워 고개를 들 수 없었습니다. 그 이후로 그는 이황의 가르침을 가슴에 새겨 검소하고 겸손한 자세로 살아갔다고 합니다.

반대 표현
속이 빈 깡통이 소리만 요란하다
실속 없는 사람이 겉으로 더 떠들어 댄다는 뜻이다.

 퇴계 이황은 관직에 올라 중종, 인종, 명종, 선조 등의 임금들을 섬겼어요. 건강이 나빠진 후에는 고향으로 돌아가 제자 양성과 학문 연구에 몰두하였죠. 그는 성리학(주자학)을 집대성한 대학자로서 동방의 주자라고 칭송을 받았습니다.

천 리 길도 한 걸음부터

아무리 크고 대단한 일이라도 늘 처음이 있었기에 이뤄 낼 수 있는 법입니다. 천 리는 서울에서 부산까지의 거리로 아주 멀어요. 그 머나먼 길을 가는 것도 한 걸음 떼는 것에서 시작된다는 것을 의미해요.

교과서 국어 1학년 2학기(가) 4단원 바른 자세로 말해요 - 콩 한 알과 송아지

콩 한 알과 송아지

한 부잣집에는 딸이 셋 있었어요. 딸들을 불러 모은 아버지는 콩을 한 알씩 나눠 주며, 할아버지 생신 선물을 마련해 보라고 했죠. 첫째는 콩 한 알로 뭘 할 수 있냐며 창밖으로 던져 버렸고, 둘째는 콩을 땅에 심어 놓고는 까맣게 잊어버렸습니다. 셋째는 천 리 길도 한 걸음부터라고, 우선 콩을 미끼로 써서 꿩을 잡아 팔았어요. 그 돈으로는 병아리 한 쌍을 사서 어미 닭으로 키웠죠. 그리고 어미 닭이 낳은 계란을 닭으로 키워 팔자 돈은 금세 모였습니다. 어느덧 할아버지 생신이 찾아왔어요. 첫째와 둘째는 빈손으로 고개를 숙였고, 막내딸은 송아지 한 마리를 끌고 왔어요. 할아버지와 아버지는 기특하다며 칭찬했고, 두 언니는 지혜로운 동생을 본받으려고 노력했답니다.

헬렌 켈러

헬렌 켈러는 어릴 적에 심한 병을 앓은 이후로 듣지도, 보지도, 말할 수도 없게 되었어요. 천 리 길도 한 걸음부터라고 하죠. 헬렌의 가정 교사인 설리번 선생님은 쉬운 단어부터 헬렌에게 가르쳤어요. 헬렌이 손으로 물체를 느끼면 선생님이 헬렌 손바닥에 단어를 적어 글을 알려 주었고, 선생님이 단어를 발음하면 헬렌이 그 입술을 손으로 만져 말을 익혔습니다. 어렵고 힘들었지만 장애를 극복한 헬렌은 다른 사람들에게 꿈과 희망을 전하는 강연을 하며, 사회에 많은 공헌을 했답니다.

비슷한 표현

시작이 반이다
어떤 일이든 시작하기 어렵지만, 시작하기만 하면 끝마치기는 그리 어렵지 않다는 뜻이다.

 앤 설리번도 다섯 살에 트라코마라는 병에 걸려 시력에 이상이 생겼어요. 설리번이 들어간 학교는 퍼킨스 시각 장애인 학교였고, 그곳의 교장 선생님 추천으로 헬렌 켈러의 가정 교사가 되었다고 해요.

누워서 떡 먹기

바닥에 편하게 누워서 떡 하나 집어 먹는 건 다른 것에 비해 어렵지 않은 일이에요. 이처럼 아주 손쉬운 일을 '누워서 떡 먹기'라고 표현해요.

교과서 국어 3학년 2학기(나) 9단원 작품 속 인물이 되어 - 대단한 줄다리기

세상에서 제일 긴 이야기

어느 한 노인이 가장 긴 이야기를 들려주는 사람을 사위로 삼겠다고 했어요. 한 총각이 노인을 찾아왔습니다. 총각은 준비해 온 쥐 장수 이야기를 시작했어요. "쥐 장수는 팔도의 쥐를 한 자리에 모았습니다. 그리고 구호에 맞춰 차례차례 꼬리를 물고 성으로 들어오라며 시켰어요. 쥐 장수가 구호를 외치기 시작했습니다. '물고!'" 총각은 사흘 밤낮을 "물고!"라는 말만 반복했어요. 그야말로 누워서 떡 먹기였죠. 노인이 지루하다며 불평하자 총각이 말했어요. "아직 팔도의 쥐가 다 들어오지 못했습니다." 노인은 어쩔 수 없이 이 청년을 사위로 삼게 되었습니다.

거문고 켠 제갈량

한 병사가 사마의의 군대가 쳐들어오고 있다고 소리쳤어요. 사마의의 군사는 무려 15만 명이었지만, 제갈량의 군사는 2,500명에 불과했죠. 제갈량은 당황하지 않고 스무 명의 군사들을 모아 명령을 내렸어요. "지금 당장 평상복을 입고 성문을 활짝 열어 마당을 쓸도록 하여라." 그리고 제갈량은 망루에 앉아 거문고를 켜기 시작했죠. 사마의는 그런 모습을 보고 의심했어요. 현명한 제갈량이니 분명 계략을 꾸미고 여유를 부린다고 생각했죠. 역으로 당할 것을 걱정한 사마의는 결국 후퇴했어요. 거문고만 켠 제갈량은 누워서 떡 먹기로 위기를 극복한 거죠.

비슷한 표현

땅 짚고 헤엄치기
일이 아주 간단하거나, 의심할 여지가 없이 확실할 때 쓰는 말이다.

 촉한의 임금인 유비는 제갈량을 군사(군사 작전을 짜는 사람)로 맞아들이기 위해, 제갈량이 살던 집으로 세 번 찾아가 간청했다고 해요. 이는 초가집을 세 번 방문한다는 뜻의 삼고초려(三顧草廬)로 우리에게 잘 알려져 있어요.

재주는 곰이 넘고 돈은 주인이 받는다

고생은 다른 사람이 했는데, 이익은 뻔뻔스럽게 자기가 차지하는 사람을 만나면 '재주는 곰이 넘고 돈은 주인이 받는다.'라고 말하는 것이지요.

교과서 국어 2학년 2학기(나) 11단원 실감 나게 표현해요 – 팥죽 할머니와 호랑이

빅 아이즈

화가 마가렛 킨의 대표작 〈빅 아이즈〉 연작은 처음엔 마가렛의 남편 월터 킨의 것으로 알려졌어요. 그때는 여성 작가가 입지를 다지기 힘들었기에 월터는 아내의 작품을 자기 작품이라고 소개했죠. 사람들에게 널리 알려진 〈빅 아이즈〉는 여러 상품으로 불티나게 팔렸어요. 그 당시 마가렛은 예술에 대한 신념이 흔들려 그림을 관두려 했죠. 하지만 욕심이 생긴 월터는 마가렛을 협박해 억지로 그림을 그리게 했어요. 재주는 곰이 넘고 돈은 주인이 받는 격이었죠. 훗날 마가렛은 법정에서 그림을 직접 그려 〈빅 아이즈〉가 자기 작품임을 세상에 증명했습니다.

말하는 남생이

가난한 아우는 산에서 나무를 하다가 말하는 남생이를 발견했어요. 남생이를 데리고 시장에 가니 구경꾼이 모여 장사가 잘됐습니다. 그 소문을 듣고 형은 남생이를 빼앗아 갔어요. 재주는 곰이 넘고 돈은 주인이 받는다고, 남생이를 이용할 셈이었죠. 하지만 남생이는 형 앞에선 입을 꾹 다물었고, 화난 형은 남생이를 던져 죽였어요. 아우는 죽은 남생이를 묻어 주었고, 그 자리엔 보석이 열리는 나무가 자라났습니다. 그 나무의 가지를 형이 몰래 꺾어다 심자, 그 나무에선 똥이 열려 집이 엉망이 되었죠. 부자가 된 아우는 형에게 함께 살자 했고, 형은 뒤늦게 잘못을 뉘우쳐 아우와 사이좋게 살았습니다.

 비슷한 표현

비는 하늘이 주고 절은 부처가 받는다
일을 하는 사람과 실속 차리는 사람이 따로 있다는 뜻이다.

 남생이는 자라와 함께 우리나라를 대표하는 민물 거북 중 하나예요. 옛날에는 쉽게 볼 수 있는 동물이었으나 오늘날에는 남획과 서식지 파괴 등의 문제로 멸종 위기에 처한 야생 생물이 되어 보호를 받고 있습니다.

물에 빠지면 지푸라기라도 잡는다

절벽에서 떨어지면 풀포기라도 잡아 매달리고 싶고, 물에 빠지면 둥둥 떠 있는 지푸라기라도 붙잡아 버티고 싶어질 거예요. 이 말은 목숨이 위태로워지면 어떤 것에라도 의지해서 살고 싶은 마음을 나타내요.

교과서 국어 1학년 1학기(나) 7단원 생각을 나타내요 – 별주부전

사자와 쥐

사자가 숲에서 낮잠을 자고 있었어요. 생쥐가 그 앞을 쪼르르 지나가던 중에 사자가 잠에서 깨고 말았죠. "감히 나의 낮잠을 방해하다니!" 생쥐는 물에 빠져 지푸라기라도 잡는 심정으로 사자에게 싹싹 빌었어요. "이번 한 번만 절 용서해 주신다면 언젠가 제가 꼭 사자님을 돕겠습니다." 사자는 작은 생쥐가 뭘 할 수 있겠냐며 코웃음을 치면서 생쥐를 놔 주었어요. 며칠 뒤 사자는 사냥꾼들이 쳐 둔 그물에 잡혀 버렸어요. 꼼짝없이 죽게 되었다고 생각한 사자 앞에 생쥐가 나타나 이빨로 그물을 잘라 주었어요. 그물에서 풀려난 사자는 은혜를 갚은 생쥐에게 고마워했습니다.

이카로스의 날개

미노스 왕의 미움을 산 다이달로스는 자기 아들 이카로스와 함께 미궁에 갇히게 되었어요. 빠져나갈 방법을 생각하던 중에 다이달로스는 창가에 떨어진 새의 깃털을 발견했습니다. 물에 빠지면 지푸라기라도 잡는다고, 그들은 미궁 안에서 깃털과 밀랍을 모아 날개를 만들었어요. 그 날개를 단 두 사람은 하늘을 날아 미궁을 탈출하였죠. 다이달로스가 말했어요. "이카로스, 너무 높게 날지 마라." 하지만 아버지의 경고를 잊은 이카로스는 하늘 높이 날아올랐고, 뜨거운 태양에 밀랍이 녹아 날개를 잃은 채로 추락했습니다.

 반대 표현

자포자기(自暴自棄)
자신을 돌보지 않고, 스스로 해를 입힌다는 의미이다.

 다이달로스는 괴물 미노타우로스를 가둔 미궁 '라비린토스'를 만든 전설적인 장인이었어요. 다이달로스는 미궁을 빠져나가는 방법을 아리아드네 공주에게 알려주어 미노스 왕의 미움을 사게 되었어요.

버들가지 바람에 꺾일까

거센 바람 앞에서는 단단한 나무가 오히려 가느다란 풀보다도 꺾이기 쉬워요. 이 말은 약해 보이거나 어떤 일을 해내지 못할 것 같은 사람이 오히려 더 굳세고 일을 잘 해낼 때를 말한답니다.

교과서 도덕 4학년 1단원 도덕 공부, 행복한 우리 – 공부와 근면함

눈의 여왕

하늘에서 악마가 만든 거울이 깨지면서 거울 파편이 작은 마을에 살던 남자아이 '카이'의 눈과 심장에 박혔습니다. 차가운 심장으로 변한 카이는 친한 친구인 게르다에게 쌀쌀맞게 굴었고, 얼마 뒤 눈의 여왕에게 이끌려 어디론가 사라져 버렸습니다. 게르다는 친구 카이를 찾아 나섰습니다. 마녀의 방해와 산적의 습격으로 어려움을 겪었지만, 버들가지 바람에 꺾일까 작은 소녀 게르다는 끝끝내 얼음 궁전에 도착했습니다. 게르다는 카이를 껴안으며 뜨거운 눈물을 흘렸고, 눈물이 카이의 눈과 심장에 박힌 거울 파편을 녹였습니다. 원래처럼 사이가 좋아진 카이와 게르다는 여왕의 얼음 조각 퍼즐을 함께 맞추고 무사히 고향으로 돌아갔답니다.

갈대와 올리브나무

갈대와 올리브나무가 말다툼을 했어요. 둘 중에 누가 더 나은가를 겨루고 있었죠. 올리브나무가 말했습니다. "갈대야, 너는 조그만 바람에도 금세 허리를 굽히잖아. 나는 바람이 얼마나 세게 불건 우직하게 견딘다고!" 갈대는 올리브나무의 말을 듣고 코웃음을 쳤습니다. "그러면 누가 바람 앞에서 더 강한지 볼까?" 잠시 뒤 거센 바람이 불어왔습니다. 버들가지 바람에 꺾일까, 갈대는 유연하게 움직여 바람에서 벗어났지만, 올리브나무는 꼿꼿이 서서 버티다가 결국엔 버티지 못하고 부러져 버렸습니다.

비슷한 표현

외유내강(外柔內剛)
겉으로는 부드러워 보이지만, 마음은 꼿꼿하고 굳세다는 말이다.

 흔히 버들이라고도 부르는 버드나무는 들이나 냇가에서 흔히 자라는 나무입니다. 약 20미터까지 자라나는 큰 나무이지요. 가느다란 가지들이 아래로 늘어진 모습을 하고 있어요.

구렁이 담 넘어가듯

다리가 없고 매끄러운 구렁이가 아무 소리도 내지 않고 스르르 담을 넘어가요. 이런 식으로 일을 어물쩍 넘겨 얼버무리려는 태도를 '구렁이 담 넘어가듯'이라고 표현합니다.

교과서 국어 3학년 1학기(나) 10단원 문학의 향기 – 만복이네 떡집

하늘 나라의 밭

어느 한 선비가 중국에 갔다가 그곳 사람들에게 우리나라 사람들은 하늘에다가도 농사를 짓는다고 구렁이 담 넘어가듯 거짓말했어요. 중국 사람들이 하늘 밭을 구경하고 싶다고 하자, 선비는 막막해졌죠. 고민하던 그에게 아버지가 해결책을 말해 줬어요. 아버지는 마을 노인들을 모아 춤추게 하고, 다른 쪽에는 아이들을 모아 울게 시키라고 했어요. 그 말대로 준비를 마친 선비는 중국 사람들을 불러왔습니다. 중국 사람들은 왜 노인들이 춤추고 있으며 아이들은 왜 울고 있느냐고 물었어요. "저 노인들은 육십 년 전 하늘에 밭을 매러 갔다가 어제 돌아왔고, 아이들은 이제 곧 하늘 나라로 떠나 육십 년 후에나 돌아올 것이라 그렇소." 그 말에 하늘 밭을 구경하겠다던 중국 사람들은 도망갔고, 이 일로 반성한 선비는 다시는 거짓말하지 않았답니다.

허풍선이

거짓말을 좋아하는 어떤 사람이 여행을 마치고 돌아와 마을 사람들을 불러 모았어요. 그러곤 자신이 로도스 섬에서 자기 키의 몇 배 높이로 훌쩍 뛰었다며 허풍을 떨었습니다. 믿기지 않는다면 증인도 불러올 수 있다고 큰소리치는 그의 앞에서 누군가가 말했어요. "그러면 여기가 로도스 섬이라고 생각하고 다시 한 번 그때처럼 뛰어 보게나!" 허풍선이는 구렁이 담 넘어가듯 얼버무리려 했지만, 결국 거짓말은 허무하게 들통났지요.

 비슷한 표현

메기 등에 뱀장어 넘어가듯
일을 깔끔하게 끝내지 않고 슬쩍 얼버무리려 한다.

 2021년 재미있는 기네스 세계 기록이 달성되었어요. 바로 오리발을 착용한 채로 물 밖으로 가장 높이 점프하는 '물 점프 분야'였는데요, 이집트의 한 대학생이 2미터 30센티미터 점프하여 기네스북에 이름을 올렸습니다.

원수는 외나무다리에서 만난다

좋든 싫든 통나무 하나로 만든 외나무다리 위에선 반대편에서 오는 상대와 마주칠 수밖에 없어요. 그리고 물러서기도 나아가기도 힘들죠. 기피하는 대상을 공교롭게 만나 다른 곳으로 피할 수 없을 때 '원수는 외나무다리에서 만난다.'라고 합니다.

교과서 국어 1학년 2학기(나) 6단원 고운 말을 해요 – 외나무다리의 두 마리 염소

자식으로 태어난 원수

한 주막집의 부부가 주막에 머물던 비단 장수 세 명을 죽이고 비단을 가로채 큰 부자가 되었어요. 이후 부부는 삼 형제를 낳아 금이야 옥이야 소중히 길렀습니다. 훌륭히 자라난 형제들은 과거 급제까지 했는데, 집에 돌아오던 길에 그만 부모님 앞에서 죽고 말았어요. 저승사자가 나타나 말하기를 사실 삼 형제는 부부가 죽인 비단 장수 세 명이라고 했습니다. 원수는 외나무다리에서 만나는 법이었죠. 자식이 된 그들은 가장 행복한 순간에 소중한 자식을 잃는 고통을 부부에게 주어 복수를 한 것이었답니다. 그리고 부부는 과거의 잘못이 들통나 큰 벌을 받았습니다.

주둥이 닷 발 꽁지 닷 발

한 아이가 서당에서 집으로 돌아와 쓰러져 있는 어머니를 발견했습니다. 동네 사람들은 주둥이와 꽁지가 닷 발 되는 괴물이 나타나 어머니를 죽였다고 말했죠. 복수를 다짐한 아이는 괴물을 찾아 먼 길을 떠났습니다. 여러 사람을 만나 돕는 대가로 괴물이 있는 장소를 알아냈습니다. 원수는 외나무다리에서 만난다고, 아이는 우여곡절 끝에 괴물과 마주쳤어요. 먹이를 이용해 괴물을 부엌으로 유인한 아이는 솥 안에 괴물을 가두어 불을 땠습니다. 괴물은 고통스러운 울음소리를 내며 죽었고, 아이는 괴물을 처치한 대가로 나라에서 큰 상을 받았답니다.

비슷한 표현

철천지원수(徹天之怨讐)
하늘에 사무치도록 한이 맺히게 한 원수라는 뜻이다.

 비단은 누에고치에서 뽑은 실로 짠 옷감을 말합니다. 광택이 돌며 촉감이 아주 부드러운 천으로 고급 옷을 짓는 데 쓰였어요. 고대 중국과 서역이 서로 교역을 하던 교통로를 실크 로드(Silk Road)라고 말하는데요, 당시 대표 교역 물품이 비단이기에 붙여진 이름이죠.

가까운 이웃이 먼 사촌보다 낫다

지금 당장 도움이 필요할 때, 내게 와 줄 수 있는 건 멀리 사는 친척보다도 가까운 이웃일 거예요. 그러니 이웃과의 인연을 소중히 하고, 서로에게 힘이 되어 주면 좋겠죠?

교과서 사회 3학년 2학기 2단원 시대마다 다른 삶의 모습 – 옛날과 오늘날의 생활 모습

이름 모를 이웃

어느 아파트 베란다에 어린아이가 아슬아슬하게 매달려 있었어요. 바깥에서 그 광경을 본 아이의 어머니는 경악하며 비명을 질렀어요. 이내 손에 힘이 빠진 아이는 난간을 놓치고 6층 높이에서 추락했어요. 어머니의 비명을 듣고 한 남성이 달려와 떨어지던 아이를 받아 냈습니다. 다행히 두 사람 모두 크게 다친 곳 없이 무사했어요. 그 남성은 "그 상황을 본다면 제가 아닌 누구라도 그렇게 행동했을 겁니다."라는 말을 남기고, 이름도 알리지 않고 그 자리를 떠났습니다. 가까운 이웃이 먼 사촌보다 낫다는 말도 있습니다만, 정말 고마운 이웃이었습니다. 이웃의 어려운 상황을 못 본 체하지 않고 도움을 준 이름 모를 이웃 덕분에 위험한 사고를 막을 수 있었으니까요.

품앗이

일을 뜻하는 '품'과 교환한다는 의미의 '앗이'가 결합되어 만들어진 품앗이는 이웃끼리 서로 고된 일을 번갈아 가며 도와주는 행위를 말해요. 가까운 이웃이 먼 사촌보다 낫다고 하지요? 예전부터 우리나라에서는 노동력이 많이 필요한 모내기, 추수 등을 서로 도와가며 하는 전통이 있었어요. 품앗이는 주로 농촌에서 농사를 지을 때 이루어졌지만, 현재는 육아 품앗이나 문화 품앗이 등 다양한 형태의 품앗이가 등장하여 이웃끼리 어울려 살아가고 있습니다.

반대 표현

피는 물보다 진하다
혈육의 정이 깊다는 것을 나타낸다.

두레는 마을 공동체가 서로 도와준다는 점이 품앗이와 비슷해요. 하지만 품앗이가 개인적으로 노동력을 교환하는 방식이라면, 두레는 마을에서 조직을 이루어 공동으로 필요한 일을 함께한다는 점이 다르죠. 두레를 이끄는 사람을 '행수', 그 행수를 돕는 사람을 '도감'이라고 하였답니다.

혹 떼러 갔다 혹 붙여 온다

무거운 부담을 안게 되면 내려놓거나 덜어 내고 싶은 마음이 생겨요. 그런데 자신이 진 부담을 덜어 내려고 하다가 도리어 다른 일까지 떠맡게 될 때도 있죠. 그런 경우에 '혹 떼러 갔다 혹 붙여 온다.'라고 말해요.

교과서 국어 4학년 1학기(가) 5단원 내가 만든 이야기 – 혹부리 영감

혹부리 영감

턱에 혹 달린 영감이 산에 나무를 하러 갔다가, 날이 저물자 어느 빈집에 들어갔습니다. 영감이 심심해서 노래를 부르자, 노랫소리를 들은 도깨비가 나타났습니다. 도깨비가 그 멋진 노래는 어디서 나오느냐고 묻자 영감은 혹에서 나온다고 답했어요. 도깨비는 영감에게 금은보화를 주며 혹을 떼 갔죠. 영감은 그 덕에 부자가 됐어요. 이 이야기를 들은 이웃집 혹부리 영감이 그 빈집으로 가서 똑같이 행동했습니다. 그런데 이번엔 도깨비가 거짓말쟁이라고 화내며, 영감에게 혹을 하나 더 붙여 버렸어요. 혹 떼러 갔다 혹 붙여 온 이웃집 영감은 망신만 당했답니다.

억울한 수탉

어느 부지런한 과부는 늘 이른 아침부터 일어나 하녀들을 깨워 일을 시켰어요. 잠을 제대로 못 잔 하녀들은 서서히 지쳐 갔죠. 한 하녀가 말했습니다. "이게 다 해 뜨기도 전에 울어서 주인을 깨우는 수탉 탓이야!" 모두가 맞는 말이라며 고개를 끄덕였어요. 하녀들은 늦은 밤, 과부 몰래 수탉을 죽였죠. 하지만 혹 떼러 갔다 혹 붙여 온 꼴이었어요. 과부는 수탉이 시간을 알려 줄 수 없자 더 이른 시간에 하녀들을 깨웠거든요. 하녀들은 수탉을 죽인 것을 후회했습니다.

비슷한 표현

해망구실(蟹網俱失)
게와 그물도 모두 잃었다는 뜻으로, 이익을 보려다 밑천까지 잃게 됨을 의미한다.

닭이 아침에 우는 이유는 알고 있나요? 닭 뇌에 있는 송과체라는 기관이 피부를 통해 들어온 빛을 감지해서 생체 리듬을 조절해요. 그래서 동트기 시작하면 빛에 민감한 닭이 제일 먼저 일어나 우는 것이랍니다.

구르는 돌에는 이끼가 안 낀다

구르는 돌에는 이끼가 낄 시간도 없어요. 그래서 꾸준히 노력하는 사람은 침체 없이 계속 앞을 향해 나아가죠. 하지만 만약 멈춘 돌에 이끼가 생긴다고 해도 걱정하지 마세요. 다시 구르기 시작하면 이끼들은 금세 떨어져 나갈 테니까요.

교과서 국어 4학년 2학기(가) 4단원 이야기 속 세상 – 젓가락 달인

반딧불이 빛으로 공부한 차윤

차윤은 글 읽기를 좋아했어요. 하지만 낮에 일하고 돌아오면 글을 읽을 시간은 밤뿐이었죠. 더군다나 집이 가난했기에 등잔 기름을 구할 수 없는 날들도 많았어요. 아쉬움을 뒤로하고 잠들려는데 창밖으로 은은한 불빛이 비쳤습니다. "옳거니. 반딧불이로구나!" 불빛의 정체가 반딧불이라는 것을 안 차윤은 명주 주머니 속에 반딧불이를 잡아 왔어요. 그리고 그 불빛에 의지하여 글을 읽었죠. 구르는 돌에는 이끼가 안 낀다고, 이렇게 열심히 공부한 차윤은 나중에 이부상서라는 높은 자리까지 올라갔답니다.

득점 왕 손흥민

축구 선수 손흥민은 축구 선수였던 아버지에게 어린 시절부터 가르침을 받으며 컸습니다. 매일 수백 번의 슈팅 연습을 하고, 몇 시간씩 리프팅 연습도 해냈어요. 기본기를 철저하게 익히며 피나는 노력을 거듭했죠. 하루도 허투루 보내는 법이 없었습니다. 꾸준히 이어진 노력 끝에 그는 2022년에 어릴 때부터 꿈꾸던 잉글랜드 프리미어리그 득점 왕 자리에 올랐어요. 아시아 선수로는 최초였지요. 구르는 돌에는 이끼가 안 낀다고, 손흥민은 꾸준한 노력으로 세계에서 손꼽히는 선수로 활약하게 되었어요.

 비슷한 표현

흐르는 물은 썩지 않는다
현재에 안주하지 말고, 부지런히 자신을 단련해야 한다는 의미이다.

 차윤의 이야기에서 형설지공(螢雪之功)이라는 고사성어가 나왔어요. 한자를 풀이하자면 반딧불이의 불빛과 눈의 빛으로 이룬 공이란 뜻이 되는데요, 힘겨운 상황에서도 꾸준히 노력하는 자세를 말해요.

못 먹는 감 찔러나 본다

'못 먹는 감 찔러나 본다.'에서 말하는 못 먹는 감은 덜 익은 감을 말하는 게 아니라, 내가 먹고 싶지만 얻지 못할 감을 말해요. 이 말은 내가 못 가지는 것을 다른 사람도 가지지 못하게 일부로 망가뜨리는 심술궂은 마음을 뜻합니다.

교과서 국어 1학년 2학기(나) 10단원 인물의 말과 행동을 상상해요 – 쥐팥쥐

구유에 앉아 있는 개

배고픈 소들이 건초가 담겨 있는 구유에 모여들었습니다. 그런데 한 마리의 개가 구유 속 건초 더미에 앉아 성내고 있었어요. "이건 내 건초야! 누구라도 건드리기만 해 봐!" 울상이 된 소들은 으르렁거리는 개를 피해 지나갔습니다. "정말 이기적인 개야. 자기가 먹지도 못하면서 먹을 수 있는 동물들도 먹지 못하게 막아서다니." 못 먹는 감 찔러나 보는 개의 심보에 지친 소들은 주인을 찾아갔고, 주인은 구유에 앉아 있던 개를 내쫓았습니다. 그제야 소들은 마음 놓고 식사했답니다.

오히아 나무와 레후아 꽃

불의 여신 펠레는 오히아라고 하는 청년에게 반해 자기 마음을 고백했어요. 하지만 오히아에게는 레후아라고 하는 연인이 있었기 때문에 펠레 여신의 고백을 거절했습니다. 못 먹는 감 찔러나 본다고, 펠레는 화가 머리끝까지 올라 오히아를 화산 지대에서 자라는 회색 나무로 만들어 버렸습니다. 한편 레후아는 오히아가 회색 나무가 된 줄도 모르고 밤낮으로 울며 그를 찾아다녔어요. "쯧쯧, 딱하기도 하지." 이 모습을 보고 레후아와 오히아를 가엾게 여긴 다른 신들은 레후아를 오히아 나무에서 자라나는 빨간 꽃으로 만들어 둘이 오랫동안 함께할 수 있도록 해 주었답니다.

✏️ 반대 표현

못 오를 나무는 쳐다보지도 마라
능력 밖의 불가능한 일에 대해서는 처음부터 욕심 부리지 않는 게 좋다는 말이다.

 하와이 제도는 빅 아일랜드라고도 불리는 섬을 비롯하여 백여 개의 크고 작은 섬으로 이루어져 있어요. 오히아 나무와 레후아 꽃은 하와이의 대표적인 토종 식물로, 용암이 굳어 암석이 되면 그 위에 제일 먼저 싹을 틔운답니다.

걷기도 전에 뛰려고 한다

걷는 법도 모르는데 힘껏 뛸 수 있을까요? '걷기도 전에 뛰려고 한다.'는 간단하고 쉬운 일도 하지 못하는데 그것보다 더 어려운 일을 하려고 나설 때를 경계하는 말이에요.

교과서 국어 1학년 2학기(나) 7단원 무엇이 중요할까요 – 소금을 만드는 맷돌

낚시하는 원숭이

나무 위에 올라 있던 원숭이는 우연히 낚시꾼들이 그물을 던져 물고기를 잡는 모습을 발견했습니다. "재밌겠는걸? 나도 해 봐야지!" 잠시 후 낚시꾼들이 자리를 비우자 원숭이는 잽싸게 내려와 낚시꾼들의 행동을 따라 했습니다. 하지만 어설픈 나머지 원숭이는 그물을 엉클어뜨렸어요. "생전 물고기 한 마리도 제대로 잡아 본 적 없는 내가 그물을 던지겠다고 나서다니!" 그물에 얽혀 허우적거리다 강물에 풍덩 빠져 버린 원숭이는 걷기도 전에 뛰려고 한 자신의 행동을 반성했답니다.

어느 보물선의 선장

어느 보물선의 선장 아들은 아버지처럼 훌륭한 선장이 되려고 열심히 공부했습니다. 시간이 흘러 드디어 선장이 되었지만 아들은 실제로 배를 몰아 본 경험은 없었어요. 다만 열심히 공부했기에 자신의 지식만 믿고 보물선을 탔어요. 선원들은 걷기도 전에 뛰려고 하는 듯한 선장이 미덥지 않았지만 함께 바다로 떠났습니다. 하지만 바다는 호락호락하지 않았습니다. 처음 배를 모는 젊은 선장에게는 혹독한 항해였습니다. 거센 파도와 소용돌이를 만나 당황했지만 아들 선장은 자신이 가진 지식에 의지해서 갑판에서 선원들을 지휘했어요. "노를 굳게 잡아라! 뱃머리를 돌려!" 그러나 끝내 배는 소용돌이에서 벗어나지 못하고 침몰해 버렸죠.

비슷한 표현

보리밭에 가 숭늉 찾겠다
모든 일에는 차례가 있는데도 불구하고, 성급하게 구는 사람을 두고 하는 말이다.

 항법은 선박을 다른 장소로 안전하게 이동시키는 기술을 말해요. 바다 위에서 배의 위치를 알아보는 방법에 따라서 지형지물을 관측하는 지문 항해, 천체의 고도를 측정하는 천문 항해, 전자 공학 장비를 이용한 전파 항해가 있습니다.

낮말은 새가 듣고 밤말은 쥐가 듣는다

언제 어디에서건 듣는 귀가 주변에 있기 때문에 말을 조심하라는 뜻이에요. 한번 퍼진 말들은 되돌리기 어려우니까 말할 때는 항상 신중하게 해야 합니다.

교과서 국어 1학년 2학기(나) 7단원 무엇이 중요할까요 – 소금을 만드는 맷돌

이야기 주머니

이야기를 좋아하는 소년이 있었어요. 소년은 자루에 재미있는 이야기들을 넣어 꽁꽁 가두어 두기만 했어요. 어느덧 어른이 된 소년이 장가를 들게 되었는데, 귀신이 된 이야기들은 소년을 해치기로 계획했습니다. 낮말은 새가 듣고 밤말은 쥐가 듣는다고, 소년의 하인이 귀신들의 대화를 엿듣게 되었죠. 다음 날, 하인은 귀신들의 계획을 미리 알아 둔 덕에 소년의 목숨을 구할 수 있었고, 이후에 사연을 듣게 된 소년은 자신의 목숨을 구해 준 하인에게 진심으로 고마워했답니다.

천장의 쥐

양진이라는 정직한 선비가 동래 태수로 부임하던 길에 향읍이라는 곳에서 잠깐 쉬고 있었습니다. 이전에 양진에게 신세를 졌던 왕밀이라는 관리가 인사를 하러 왔죠. 양진은 반갑게 그를 맞이하고 도란도란 이야기를 나눴습니다. 근데 왕밀이 주머니에 숨겨 둔 금괴를 그에게 주는 것 아니겠어요? "옛 은혜를 갚는 것이니 그저 받아 두십시오. 여기는 둘뿐이라 아무도 모를 것입니다." 그때 천장의 쥐가 요란한 소리를 냈어요. 양진은 천장을 가리키며 말했습니다. "방금 이야기는 천장의 쥐가 들었을 걸세. 세상에 어찌 비밀이 있겠는가!" 낮말은 새가 듣고 밤말은 쥐가 듣는다고, 설령 아무도 없는 곳이라고 해도 양진은 한 점 부끄러운 일은 하지 않았죠.

비슷한 표현

사지(四知)
하늘과 땅 그리고 너와 내가 안다는 뜻으로, 비밀은 언젠가 알려지기 마련이라는 의미이다.

 귀는 듣는 것 말고도 다른 역할이 있어요. 귀 안에 반고리관과 전정 기관이라는 평형 기관이 있는데, 이 기관들은 몸의 회전과 기울기를 감지해 몸의 균형을 유지해 주는 기능을 합니다.

도토리 키 재기

작은 도토리의 키를 재 봤자 다 고만고만하여 별 차이가 없죠. '도토리 키 재기'는 견주어 볼 필요 없이 비등하거나, 정도가 비슷비슷한 사람들끼리 다툴 때 하는 말입니다.

교과서 국어 4학년 1학기(가) 5단원 내가 만든 이야기 – 아름다운 꼴찌

젊어지는 샘물

어느 마을에 자식 없는 착한 노부부가 있었어요. 여느 때처럼 할아버지는 나무를 하러 산에 갔다가 한 옹달샘을 발견했어요. 마침 목이 말랐던 할아버지가 샘물을 마시자 놀랍게도 청년처럼 젊어졌어요. 할아버지는 집에 있는 할머니를 데리고 샘으로 와 물을 마시게 했어요. 몇십 년 젊어진 노부부는 행복하게 지냈답니다. 그러다 옆집에 살던 욕심쟁이 노부부가 이 사실을 알고 나선 그 샘을 찾아갔죠. 옆집 할머니나 할아버지나 욕심 많은 건 도토리 키 재기였기에, 누구라 할 것 없이 둘 다 배가 부르도록 샘물을 마셨고, 젊어지다 못해 갓난아이가 되어 버렸어요. 착한 노부부는 두 아기를 데려와 자식으로 키우며 잘살았습니다.

두 탐험가

입구가 커다란 바위로 막힌 보물 동굴이 있었어요. 동굴 앞에서 마주친 두 탐험가는 서로 보물을 차지하겠다며 다퉜죠. "그러면 양쪽에서 바위를 밀어서 더 많이 움직인 사람이 보물을 갖자!" 노란 옷 탐험가가 제안하자 파란 옷 탐험가가 받아들였어요. 두 사람은 바위 양쪽에 각각 서서 힘껏 바위를 밀기 시작했어요. 하지만 둘의 힘은 도토리 키 재기였죠. 바위는 가운데서 꼼짝하지 않았어요. 밤새 힘겨루기하던 탐험가들은 지쳐서 쓰러졌고, 뒤늦게 보물 동굴을 찾아온 다른 탐험가에게 보물을 빼앗겼답니다.

 비슷한 표현

대동소이(大同小異)
크게 같고 작게 다르다. 큰 차이 없이 거의 같다는 의미이다.

 젊어지는 샘물 이야기와 닮은 영화가 있습니다. 바로 미국 영화 〈벤자민 버튼의 시간은 거꾸로 간다〉입니다. 태어날 때는 80세 외모를 가졌지만 커가면서 점점 젊어지는 주인공인 벤자민 버튼에 대한 이야기예요.

손바닥으로 하늘 가리기

손바닥으로 우리의 눈은 가릴 수 있겠지만, 끝없이 펼쳐진 하늘을 가릴 순 없을 거예요. '손바닥으로 하늘 가리기'는 불리한 상황에서 문제의 원인은 해결 못하고, 임기응변으로 그 순간을 모면할 때 말해요.

교과서 국어 6학년 1학기(가) 5단원 속담을 활용해요 – 까마귀 고기를 먹었나

아이와 사자 그림

임금님에게는 사냥을 좋아하는 아들이 있었어요. 어느 날 임금님은 아들이 사자에게 물려 죽는 꿈을 꾸었습니다. "꿈처럼 아들이 죽으면 어떡하지?" 꿈을 꾸고 난 다음부터 불안해진 임금님은 나무 오두막을 지어 아들을 가두고, 심심하지 않게 각종 동물 그림들을 넣어 주었어요. 하지만 그건 손바닥으로 하늘 가리기였어요. 갇혀 지내야 했던 아들은 답답함에 화가 나서 벽에 붙은 사자 그림을 주먹으로 쳤고, 나무 벽이 부서지면서 가시 조각이 손에 박혔습니다. 깊숙하게 가시가 박힌 상처 때문에 염증이 악화하여 결국 아들은 죽고 말았지요.

팥죽 땀

동짓날이 되자 며느리는 맛있는 팥죽을 쑤었어요. 시아버지와 며느리는 팥죽을 한 그릇씩 싹싹 비웠죠. '딱, 한 그릇만 더 먹으면 좋으련만.' 두 사람 다 똑같은 생각을 했지만, 멋쩍어 아무 말도 못했습니다. 잠시 후 며느리가 자리를 비우자 시아버지는 팥죽을 창고로 갖고 가 몰래 먹었어요. 돌아온 며느리도 시아버지가 안 보이자 똑같이 팥죽을 퍼서 창고로 갔죠. 며느리가 창고 문을 열자 시아버지는 깜짝 놀라서 팥죽 그릇을 머리에 뒤집어쓰고는 "아이고, 팥죽 땀이 줄줄 흐르는구나."라고 말했답니다. 그야말로 손바닥으로 하늘 가리기였죠.

비슷한 표현

미봉책(彌縫策)
실로 꿰맨 방책이란 뜻으로, 일시적으로 잘못된 것을 해결한다는 의미이다.

 동짓날은 일 년 중 가장 밤이 길고, 낮이 짧은 날이에요. 옛날에는 동짓날을 작은 설날이라고 하여 팥죽을 쑤어 먹었지요. 또한 팥죽의 붉은색이 귀신을 쫓는다고 여겨서 대문이나 부엌, 마당에 뿌려 집안의 평안을 기원하기도 했답니다.

속담 퀴즈

비슷한 표현을 찾아 선으로 이어 주세요.

꾸어다 놓은 보릿 자루 ●   ● 외유내강

버들가지 바람에 꺾일까 ●   ● 원수는 외나무다리에서 만난다

철천지원수 ●   ● 꿀 먹은 벙어리

빈칸에 알맞은 단어를 넣어 주세요.

❶ 물에 빠지면 ☐☐☐☐ 라도 잡는다

❷ 빈 ☐☐ 가 요란하다

❸ 티끌 모아 ☐☐

답: 꾸어다 놓은 보릿 자루 — 꿀 먹은 벙어리, 버들가지 바람에 꺾일까 — 외유내강, 철천지원수 — 원수는 외나무다리에서 만난다 / ① 지푸라기 ② 수레 ③ 태산

속담 따라 쓰기

이번 장에 나왔던 주요 속담을 떠올려 한 글자씩 따라 써 보며 의미를 되새겨 봅시다.

밑 빠진 독에 물 붓기

밑 빠진 독에 물 붓기

천 리 길도 한 걸음부터

천 리 길도 한 걸음부터

구렁이 담 넘어가듯

구렁이 담 넘어가듯

혹 떼러 갔다 혹 붙여 온다

혹 떼러 갔다 혹 붙여 온다

낮말은 새가 듣고 밤말은 쥐가 듣는다

낮말은 새가 듣고 밤말은 쥐가 듣는다

6장

벼 이삭은 익을수록 고개를 숙인다

꽉 찬 벼 이삭일수록 무거워서 머리를 숙여요. 사람도 마찬가지로 곧은 심성과 바른 마음으로 가득 차 있다면 겸손하게 고개를 숙일 줄 안답니다.

원숭이도 나무에서 떨어진다

나무 타기의 달인인 원숭이가 나무에서 떨어진다고요? 말도 안 되는 소리 같지만, 세상에 실수하지 않는 사람은 존재하지 않아요. 그러니 어떤 일을 아주 잘하는 사람이라도 때때로 실수하기 마련이죠.

교과서 국어 3학년 2학기 9단원 작품 속 인물이 되어 – 토끼의 재판

풀꽃의 향기

정자에 앉아 쉬고 있던 왕의 코에 아름다운 꽃향기가 스쳐 갔어요. 그 향기의 정체가 궁금했던 왕은 최고의 향 감별사를 불러왔어요. 하지만 원숭이도 나무에서 떨어지는 법인지, 향 감별사는 쉽게 찾아내지 못했습니다. 며칠간 머물러도 소용없어 포기하려던 순간, 그 향기가 가느다랗게 풍겨 왔습니다. 바로 바위 사이에 핀 자그만 풀꽃에서 나는 것이었죠. 그는 궁으로 돌아가 왕에게 아뢰며 "그것은 어떤 역경 속에서도 굳세게 핀 풀꽃의 향기였습니다. 다만 그 향기는 마음이 청정할 때 제대로 깃들기에 만나기 힘들 뿐입니다."라고 향기의 정체를 밝혔답니다.

두 추천석

옛날에 추천석이란 같은 이름을 가진 두 사람이 각각 진천과 용인에 살고 있었어요. 그런데 어느 날 저승사자의 실수로 용인의 추천석이 아닌 진천의 추천석이 저승에 끌려왔습니다. 원숭이도 나무에서 떨어지는 법이었죠. 염라대왕은 진천의 추천석을 다시 돌려놓으라 했지만, 이미 추천석의 몸은 무덤에 묻힌 후였죠. 그래서 대신 용인의 추천석 몸에 진천 추천석의 영혼을 돌려놓았습니다. 추천석은 진천으로 돌아가 가족들에게 사정을 말해 봤지만, 아무도 그를 믿어 주지 않았어요. 결국 끌려간 관청에서 이승에서는 영혼이 아닌 육체가 인정된다는 판결을 받고 나서야 용인의 추천석으로 살아갔다고 합니다.

 비슷한 표현

닭도 홰에서 떨어지는 날이 있다
아무리 일을 익숙하게 잘하는 사람이라도 가끔 실수할 때가 있다.

 '원숭이 엉덩이는 빨개' 노랫말로도 우리는 원숭이의 엉덩이가 빨갛다는 걸 알고 있죠. 원숭이의 피부는 투명에 가까울 정도로 매우 얇아서 털이 없는 엉덩이에 빨간 피가 비쳐 보이는 것이랍니다. 그리고 모든 원숭이가 빨간 엉덩이를 가지는 것은 아니며, 몇몇 종은 파란색 등 다양한 색깔을 가지고 있어요.

첫술에 배부르랴

밥을 한입 먹자마자는 배부르지 않듯이 어떤 일을 할 때도 처음부터 만족스러울 수는 없어요. 끈기 있게 노력을 해야지만 우리가 만족스럽다고 느낄 만한 성과를 얻을 수 있답니다.

교과서 도덕 4학년 4단원 힘과 마음을 모아서 - 1백만 명의 기적

라이트 형제

어릴 때부터 기계에 관심이 많았던 라이트 형제는 하늘을 나는 기계를 만들고 싶었어요. 어느 날, 두 사람은 언덕에서 놀다가 하늘을 나는 새를 보며 영감을 얻었습니다. "그래, 새 같은 날개를 기계에 다는 거야!" 그리고 마침내 새의 날개를 본뜬 비행기를 만들었지요. 하지만 그 비행기는 활주로에서 뜨지도 못했어요. 형제는 실망했지만, 첫술에 배부르겠냐고 생각하고 다시 비행기를 고쳐서 도전했습니다. 이번에는 비행기가 하늘을 날았습니다. 비록 12초, 36미터에 그친 비행이었지만 라이트 형제는 가치 있는 발전이라고 생각했어요. 이후에도 포기하지 않고 도전한 끝에 두 사람은 세계 최초의 비행기를 만드는 데에 성공했답니다.

태안의 기적

2007년 태안 앞바다는 까만 기름으로 뒤덮였습니다. 유조선과 기중기가 충돌하여 유조선에 있던 기름이 바다로 유출된 것이었습니다. 그 소식에 전국에서 수많은 사람이 태안 앞바다로 모였습니다. 바다를 되돌리기 위해 힘을 보태려고 찾아온 것이었죠. 사람들은 바위에 묻은 기름을 닦아 내고, 바다에 떠 있는 기름을 걷어 냈습니다. 물론 첫술에 배부르지 않듯이 바다가 금방 깨끗해지진 않았어요. 하지만 꾸준히 힘을 모아 준 사람들의 노력 덕분에 태안 바다는 많이 좋아질 수 있었습니다.

하늘을 날았어!

 비슷한 표현

초부득삼(初不得三)
처음에 실패한 것이 세 번째에는 성공한다는 뜻으로, 꾸준히 노력하면 성공한다는 말이다.

 자동차보다 훨씬 무거운 비행기는 어떻게 하늘을 나는 걸까요? 유체 속에서 운동하는 물체에는 운동 방향과 수직으로 작용하는 힘이 생기는데, 이것은 양력이라고 불러요. 비행기에는 양력을 발생시키는 주 날개와 기체 균형을 잡아 주는 꼬리 날개가 있어 날 수 있는 것이죠.

되로 주고 말로 받는다

'되로 주고 말로 받는다.'는 조금을 주고 그 몇 배를 받는다는 뜻이에요. 만약 내가 누군가를 욕하고 때렸다면 그 사람은 더한 폭력과 비난을 퍼부어 내게 고스란히 돌려줄 것이고, 내가 누군가에게 도움을 주었다면 그 사람은 내게 더 크게 보답하겠지요.

교과서 국어 2학년 2학기(나) 11단원 실감 나게 표현해요 - 팥죽 할머니와 호랑이

장자못 전설

인색한 부자의 집으로 스님이 찾아와 동냥을 달라고 했어요. 그러자 부자는 쌀 대신 쇠똥을 자루에 넣어 주었는데 스님은 군말 없이 그것을 받았습니다. 이 모습을 본 부자의 며느리는 부자 몰래 스님에게 쌀을 퍼다 주었죠. 스님이 말했습니다. "살고 싶다면 저를 따라오시지요. 그리고 가는 길에 절대 뒤를 돌아봐선 안 됩니다." 스님을 따라 산을 오르던 며느리는 갑자기 들려오는 굉음에 깜짝 놀라 뒤돌아봤어요. 부자의 집이 커다란 연못이 되어 있었습니다. 그리고 스님의 말을 어긴 며느리의 몸은 돌이 되어 버렸어요. 부자의 못난 인품으로 인해 되로 주고 말로 받는 꼴이 되었습니다.

아라크네

아라크네는 베 짜는 솜씨가 아주 뛰어났어요. 솜씨가 뛰어난 만큼 자신의 베 짜기 솜씨에 자부심이 대단했어요. 하지만 겸손하지는 않았지요. 아테나 여신의 솜씨도 자신과는 견줄 수 없을 것이라고 자만하였죠. 이 말을 들은 아테나가 아라크네를 찾아와 베 짜기 승부를 제안했습니다. 아라크네는 자신의 실력을 믿고 있었기에 승부를 받아들이고 베를 짰어요. 아라크네의 실력은 신들도 감탄할 정도였지만, 신들을 기만하고 조롱하는 그림을 수놓았습니다. 이에 아테나는 분노하여 아라크네를 거미로 만들었어요. 되로 주고 말로 받은 격이었죠.

✏️ 비슷한 표현

소탐대실(小貪大失)
작은 것을 얻으려다 큰 것을 잃는다는 의미이다.

 저울이 없던 옛날에는 됫박을 사용하여 곡식의 양을 재고 팔았어요. '되'는 네모난 모양의 됫박으로 쟀고, '말'은 원통형의 됫박으로 쟀죠. 한 되의 양은 지금으로는 약 2리터 정도이며, 열 되가 한 말이고, 열 말을 한 섬이라고 했습니다.

고래 싸움에 새우 등 터진다

커다란 고래끼리 다투면 조그만 새우는 어쩔 도리 없이 휘말리게 될 거예요. 힘센 사람들 다툼 사이에서 아무런 상관없는 약자가 피해를 보게 되는 것을 말해요.

교과서 국어 1학년 1학기(나) 8단원 소리 내어 또박또박 읽어요 – 해와 바람

북풍과 해

서로 누가 더 강한지 다투던 해와 북풍은 마침 지나가던 나그네를 보고 내기를 했어요. "저 나그네의 겉옷을 먼저 벗기는 쪽이 더 강한 거야!" 먼저 북풍이 입김을 불어 대며 나그네의 옷을 벗기려고 했죠. 하지만 나그네는 차가운 바람에 덜덜 떨기만 했어요. 또 다시 바람이 불자, 나그네는 오히려 옷을 꽁꽁 여몄어요. 이번에는 해가 나서서 뜨거운 햇볕을 내렸습니다. 바람을 버티던 나그네는 이번엔 따가운 햇볕을 견뎌야 했어요. 마치 고래 싸움에 새우 등 터지는 꼴이었죠. 결국 더위를 참지 못한 나그네가 겉옷을 벗었고, 이로써 내기에서 해가 이겼답니다.

월계수가 된 다프네

사랑의 신 에로스는 아폴론에게 활 솜씨 때문에 놀림당했어요. 화가 난 에로스는 아폴론에게 사랑의 화살을 쏴 다프네를 사랑하게 만들고, 다프네에겐 증오의 화살을 쏴 아폴론을 싫어하게 했습니다. 아폴론이 다프네에게 사랑 고백을 하자 다프네는 기겁하며 도망쳤어요. 여전히 자신을 쫓아오는 아폴론을 본 다프네가 강의 신인 아버지에게 빌었습니다. "아버지, 제발 저를 구해 주세요!" 그러자 다프네는 월계수로 변해 버렸어요. 아무것도 모르는 다프네만 고래 싸움에 새우 등 터지게 된 모습이었죠. 아폴론은 그 월계수 앞에서 하염없이 눈물만 흘렸습니다.

반대 표현

어부지리(漁夫之利)
두 사람이 다투는 바람에 엉뚱한 타인이 이익을 취한다는 뜻이다.

 고대 그리스에선 경기 승리자에게 월계수를 엮어 만든 왕관을 씌워 줬어요. 태양의 신 아폴론을 숭배한다는 의미였죠. 그 상징성은 현재까지 이어져 영광과 승리를 뜻하는 월계수를 상장이나 상패에 문양으로 새기기도 한답니다.

물에 빠진 놈 건져 놓으니까 내 봇짐 내라 한다

누군가를 도왔음에도 상대가 말도 안 되는 이유를 들먹이며 도리어 화를 낼 때 뭐라고 말하면 좋을까요? '물에 빠진 놈 건져 놓으니까 내 봇짐 내라 한다.'는 위기에서 벗어나자 도와준 사람에 대한 고마움을 잊고 생트집을 잡는 경우를 비유해요.

교과서 국어 3학년 2학기(나) 9단원 작품 속 인물이 되어 – 토끼의 재판

고슴도치와 뱀

비가 거세게 내리던 날, 집이 물에 잠긴 고슴도치가 뱀의 집에 찾아가 하룻밤만 재워 달라고 부탁했어요. 뱀은 흔쾌히 고슴도치를 맞이했죠. 그러나 좁은 집에서 고슴도치와 함께 있으려니 자꾸만 가시에 찔려서 견딜 수 없었어요. 마침내 비가 그치고, 뱀이 말했습니다. "고슴도치야, 네 가시가 아파서 그러는데 이제 네 집으로 돌아가지 않을래?" 그런데 고슴도치는 뻔뻔하게 굴었어요. "내 가시가 아프다면 네가 나가. 나는 이제부터 여기서 살 거라고!" 물에 빠진 놈 건져 놓으니 봇짐 내라 한다더니, 오히려 뱀이 쫓겨나고 말았습니다.

늑대와 왜가리

목에 가시가 걸린 늑대가 지나가던 왜가리에게 도움을 청했어요. "제발 내 목에 걸린 가시를 빼 주렴. 만약 그렇게 해 준다면 내가 보답할게!" 왜가리는 내키지 않았으나 늑대가 간절하게 애원하자 불쌍한 마음이 들어 거절할 수가 없었어요. 왜가리는 부리를 늑대 입 안에 집어넣어 어렵지 않게 가시를 빼냈어요. 그런데 늑대가 제대로 된 감사 인사와 보답도 없이 그냥 가 버리려고 했어요. 왜가리가 따지자 늑대는 "나는 입안에 들어온 먹이를 놓아 준 거나 다름없다고. 오히려 고마워하란 말이야."라고 말했습니다. 그야말로 물에 빠진 놈 건져 놓았더니 내 봇짐 내라 하는 격이었죠.

비슷한 표현

배은망덕(背恩忘德)
남에게 입은 은혜를 배신한다는 뜻이다.

 옛날에는 주로 보자기를 이용해서 물건을 가지고 다녔어요. 보자기로 싼 물건 꾸러미를 보따리라고 하고, 보따리를 등에 질 수 있도록 끈으로 연결한 것을 봇짐이라고 말했답니다.

용의 꼬리보다 뱀의 머리가 낫다

출중한 인물 곁에서 배움을 얻는 것도 중요하지만, 그 그늘에서 벗어나지 않으면 능력을 발휘하기 어려워요. 이 말은 대단하고 훌륭한 사람의 뒤를 쫓아다니기보다는 작고 하찮은 집단에서라도 다른 이들의 우두머리가 되어 앞장서는 게 낫다는 뜻이에요.

교과서 국어 6학년 1학기(나) 연극 단원 – 홍길동전

카이사르와 촌장

카이사르가 어느 시골 마을을 지나가고 있었어요. 마을 사람들은 카이사르가 나타났다고 하니, 모두 집 밖으로 나와서 구경했죠. 나이 지긋한 마을의 촌장은 몰려온 구경꾼들에게 소리치며 이런저런 것들을 지시했습니다. 그 모습을 본 장교들은 비웃었어요. "저 촌장은 자신이 고작 작은 마을의 우두머리인 것을 뽐내고 있구나!" 그러자 카이사르가 장교들을 나무랐어요. "그도 그럴 만한 이유가 있을 걸세. 또한 나도 로마의 두 번째 사람보다 이 마을의 첫 번째 사람이 낫다고 생각하네." 용의 꼬리보다 뱀의 머리가 낫다는 말이었죠.

닭의 머리와 소의 꼬리

전략가 소진은 여섯 개의 주요 제후국이 연합하여 강대국인 진나라에 대항하자는 합종책을 떠올렸습니다. 그는 한나라의 선혜왕을 만나 말했습니다. "한나라는 국력도 강하고, 나라가 견고합니다. 그런데 싸워 보지도 않고 진나라를 섬긴다면 천하의 웃음거리가 되겠지요. 게다가 닭의 머리가 될지언정 소의 꼬리는 되지 말라는 옛말도 있지 않습니까?" 소진의 말을 들은 선혜왕은 합종책을 찬성하였어요. 소진은 뛰어난 언변으로 나머지 국가들도 계속 설득했습니다. 용의 꼬리보다 뱀의 머리가 낫다고, 모든 나라가 진나라에 대항하기로 해 성공적인 동맹이 성사됐답니다.

비슷한 표현

계구우후(鷄口牛後)
큰 조직의 마지막보다는 작은 조직의 우두머리가 낫다는 뜻이다.

카이사르는 고대 로마의 유명한 장군이자 정치가입니다. 그는 로마의 최고위직인 집정관에 오른 뒤 각종 사회 정책, 개혁 사업을 추진했으며, 인간적인 매력으로 민중으로부터 큰 인기를 얻었어요.

달도 차면 기운다

둥근 보름달도 시간이 흐르면 손톱처럼 자그만 그믐달이 되지요. 세상에 영원한 것은 없듯이 모든 것들은 번영과 쇠퇴를 반복한다는 뜻입니다.

교과서 사회 5학년 2학기 1단원 옛사람들의 삶과 문화 – 독창적 문화를 발전시킨 고려

오백 년 도읍지

달도 차면 기운다더니, 영원히 번성할 것 같던 고려가 멸망한 후, 조선이 세워졌어요. 고려의 유신이었던 길재는 고향으로 내려가기 전에 고려의 도읍지였던 개경을 돌아보며 망국의 한을 시조로 노래했죠.

"오백 년 이어 온 도읍지를 한 필의 말을 타고 돌아보니 산과 강은 옛날과 다름없는데, 인걸은 간 곳 없구나. 아아, 태평성대 누리던 지난날은 하룻밤 꿈과 같다."

행운을 얻는 방법

옛날에 한 장사꾼이 있었어요. 연이은 행운에 큰 부자가 되었지만, 마음은 점점 박해져 가난한 이에게 쌀 한 톨도 나눠주는 일이 없었습니다. 달도 차면 기운다고, 얼마 지나지 않아 그는 쫄딱 망하고 말았어요. 박했던 장사꾼을 도와주는 사람은 아무도 없었고, 그는 쓸쓸히 숲속을 헤매다가 한 약초꾼을 만났어요. 약초꾼은 그의 사연을 듣고 말했어요. "행운은 착한 마음을 찾아온답니다. 그렇게 박하게 구니 있던 행운도 동나지요." 그 말을 들은 장사꾼은 없는 살림에도 많은 사람을 돕고 살았고, 다시 부자가 되었습니다. 이때는 가난한 이들을 열심히 돌봐 주변에 굶주리는 사람이 없도록 했답니다.

 비슷한 표현

달이 둥글면 이지러지고 그릇이 차면 넘친다
세상의 온갖 것이 한번 번성하면 다시 쇠하기 마련이라는 뜻이다.

 중국에서는 붉은색이 행운을 불러온다고 믿어요. 일본에서는 5엔짜리 동전에 난 구멍을 통해 운이 찾아온다고 생각하고, 러시아에서는 전통 인형 마트료시카를 다산과 행운의 상징으로 여긴답니다.

백지장도 맞들면 낫다

백지장은 아무것도 적혀 있지 않거나 그려져 있지 않은 하얀 종이를 말해요. 가벼운 종이 한 장 드는 것처럼 혼자서 충분히 해낼 수 있는 일도 서로 힘을 합치면 더 수월하듯, 혼자보단 여럿이 더 큰 힘을 발휘한답니다.

교과서 도덕 6학년 2단원 작은 손길이 모여 따뜻해지는 세상 - 두 개의 저금통

행주대첩 행주치마

임진왜란 때, 왜군이 행주산성으로 쳐들어왔습니다. 권율 장군은 1만여 명이 채 안 되는 군사들과 함께 맞섰지만, 병력과 무기의 차이로 싸움이 쉽지 않았어요. 성벽을 올라오는 왜군을 화살로 막아 내다가 마침내 화살마저 동나자 권율 장군은 군사들에게 돌을 모아 오라고 시켰어요. 하지만 그마저도 쉽지 않았지요. 그때 이 모습을 보고 있던 성안의 부녀자들이 치맛자락에 돌을 담아 성안으로 날랐습니다. 백지장도 맞들면 낫다고, 그들이 부지런히 돌을 날라 준 덕분에 왜군을 물리칠 수 있었어요. 이후부터 앞에 두르는 치마를 행주치마라고 부르게 되었답니다.

돌멩이 수프

세 군인이 집으로 돌아가는 길에 배가 고파 어느 마을에서 음식을 구하려고 했어요. 그런데 마을 사람들의 인심이 야박하여 빵 한 쪽도 얻을 수 없었죠. 고민하던 군인들은 돌멩이 세 개와 물, 솥이 있으면 맛있는 수프를 끓일 수 있으니 함께하자고 사람들에게 제안했어요. 군인들이 수프를 끓이며 "당근이 조금만 있었다면 더 맛있을 텐데.", "소금을 조금만 더 뿌린다면 완벽할 텐데."라고 말하자 사람들은 감자며 양파며 요리 재료를 조금씩 나눠 주었습니다. 백지장도 맞들면 낫다고, 그렇게 맛있는 수프를 손쉽게 완성했죠. 군인들과 사람들은 수프를 나눠 먹으며 즐거운 추억을 만들었답니다.

 비슷한 표현

십시일반(十匙一飯)
열 숟가락의 밥을 모아 한 그릇을 만든다는 뜻으로, 여럿이 힘을 모으면 한 사람을 돕기 쉽다는 의미이다.

 권율은 45세라는 늦은 나이로 급제하여 다소 출세가 늦었지만, 임진왜란 당시 나라를 구하는 데에 혁혁한 공을 세운 인물이었습니다. 특히 그가 지휘한 행주대첩은 임진왜란의 3대 승전 중 하나로 손꼽힌답니다.

시작이 반이다

뭐든 시작하기 위해 마음을 먹고 행동에 옮기는 것까지가 가장 힘든 법이에요. 시작했다는 것은 가장 어려운 부분을 이미 해냈다는 것이기 때문에 '시작이 반이다.'라고 표현하는 것이지요.

교과서 국어 3학년 1학기(나) 9단원 어떤 내용일까 - 프린들 주세요

솔거의 소나무 그림

신라에는 솔거라고 하는 뛰어난 실력의 화가가 있었어요. 어느 날 그는 황룡사에 벽화를 그려 달라는 부탁을 받았죠. 뭘 그릴까 고민하던 솔거는 자신 있는 소나무를 그리기로 했습니다. 시작이 반이라고, 그릴 것을 정하니 막힘없이 금방 완성했죠. 그런데 다음 날부터 그 벽 아래에 새들이 죽어 있는 기묘한 일이 이어졌어요. "그래! 이건 솔거의 그림을 진짜 소나무라고 생각한 새들이 벽에 부딪혀서 그런 거야." 소문을 듣고 몰려온 사람들은 벽화를 손으로 만지며 구경했어요. 그 탓에 벽화는 지워졌고, 다른 화가가 그 위에 덧그리자 벽에 새가 부딪치는 일은 사라지고 말았죠.

루이 브라이

사고로 시력을 잃게 된 루이 브라이는 다른 사람들처럼 글을 쓰고 읽고 싶었습니다. 어느 날 군 장교가 깜깜한 밤에도 비밀 문서를 읽을 수 있도록 선과 점으로 점자를 만들었다는 소식이 들려오고, 루이는 기대하며 점자를 만져 봤어요. 하지만 그건 칸을 너무 많이 차지하여 편리함과 거리가 있었죠. 시작이 반이라고, 불편함을 느낀 루이는 점만 사용하는 점자에 대해 고민했어요. 그리고 삼 년 뒤 여섯 개 구멍을 쓰는 점자를 만들어 냈죠. 그의 점자는 세계에 널리 쓰이기 시작했습니다. 훗날 헬렌 켈러 역시 점자 덕분에 읽는 재미를 알게 되었다고 했답니다.

여기 소나무가 있네?

 비슷한 표현

천 리 길도 한 걸음부터
어떤 일이라도 작은 일부터 시작되며, 그 일의 시작이 중요하다는 의미이다.

 점자는 지면에 도드라진 점을 그려 손으로 더듬어 읽을 수 있게 한 문자예요. 여섯 개의 점으로 구성되어 있으며, 이 점들을 조합해 64개의 형태를 만든다고 해요.

돌다리도 두들겨 보고 건너라

단단한 돌로 만든 다리가 튼튼한 건 알지만, 그래도 두들겨서 안전을 확인한 뒤에 건너라는 말이에요. 완벽하게 보장되는 안전과 성공은 존재하지 않으니 언제나 주의를 기울이고 조심해야 합니다.

교과서 국어 2학년 1학기(가) 2단원 자신 있게 말해요 - 동물 마을에서 생긴 일

페르세포네

대지의 여신인 데메테르에게는 딸 페르세포네가 있었어요. 저승의 신 하데스는 아름다운 페르세포네를 아내로 맞이하고자 저승으로 납치했습니다. 데메테르는 사라진 딸을 찾아다니느라 대지를 돌보지 않았어요. 식물들은 말라 죽고, 사람들이 굶어 죽는 일이 생기자 제우스는 하데스에게 페르세포네를 돌려보내라고 했습니다. 그러나 문제가 있었어요. 돌다리도 두들겨 보고 건넜어야 했는데, 페르세포네가 저승에서 석류 몇 알을 먹었기 때문에 지상으로 올라갈 수 없게 된 것이죠. 저승의 음식을 먹은 자는 그곳을 떠날 수 없었거든요. 결국 제우스의 중재 하에 페르세포네는 지상에서 일 년 중 삼 분의 이를 보내고, 저승에서 나머지 시간을 보내게 되었습니다. 페르세포네가 저승에 가 있을 때가 바로 겨울이에요.

천문학자

어느 천문학자에게는 밤마다 하늘을 보며 걸어 다니는 버릇이 있었어요. 평소와 똑같이 하늘을 올려다보며 마을을 돌아다니다가 앞에 있는 우물을 발견 못해서 그만 우물 안으로 빠졌어요. 앞에 놓인 우물을 미처 발견하지 못했던 것이죠. 그는 돌다리도 두들겨 보고 건넜어야 했다며 후회했습니다. 지나가던 마을 사람이 천문학자를 발견하고 우물에서 꺼내 주며 쓴소리를 했답니다. "당신은 하늘만 볼 줄 알지, 제 앞은 볼 줄 모르나 봅니다!"

비슷한 표현

아는 길도 물어 가랬다
잘 아는 일도 세심히 주의를 기울이라는 말이다.

 우리나라에는 35,000여 개의 다리가 있어요. 그러면 가장 오래된 돌다리는 무엇일까요? 충청도에 있는 진천 농다리는 고려 시대에 만들어져 약 천 년의 세월을 견뎌 왔다고 알려져 있습니다.

벼 이삭은 익을수록 고개를 숙인다

꽉 찬 벼 이삭일수록 무거워서 머리를 숙여요. 사람도 마찬가지로 곧은 심성과 바른 마음으로 가득 차 있다면 겸손하게 고개를 숙일 줄 안답니다.

교과서 국어 6학년 1학기(나) 7단원 우리말을 가꾸어요 – 제게 12척의 배가 있으니

슈바이처 3등 칸

슈바이처가 노벨 평화상 수상자로 선정되었을 때였습니다. 슈바이처는 시상을 위해 덴마크로 향하는 기차를 탔어요. 기차가 역에 도착하자마자 기자들이 몰려들어 슈바이처를 찾았죠. 그런데 일등석에도, 이등석에서도 슈바이처의 모습은 보이지 않았어요. 기자들은 설마설마하던 삼등석에서 슈바이처를 보게 되었죠. 기자가 왜 삼등석에 탔느냐고 묻자, 슈바이처가 답했어요. "사등석이 없어서 삼등석을 탔습니다. 이곳에 제 도움을 필요로 하는 사람들이 있으니까요." 벼 이삭은 익을수록 고개를 숙인다더니, 슈바이처의 겸손하고 바른 인품에 모두 감탄을 했습니다.

이순신 난중일기

임진왜란으로 우리나라엔 큰 위기가 닥쳐왔어요. 칠천량 해전에서 패하고 남은 열두 척의 함선으로 왜적과 맞서 싸워야 했습니다. 결전의 날, 이순신 장군은 배를 이끌고 울돌목에서 적을 기다렸습니다. 곧 왜적의 133척 함선들이 수평선에서부터 보였고, 전투가 시작됐죠. 승리가 불가능할 것 같았지만, 주변 지형을 활용한 이순신의 뛰어난 전략 덕분에 왜적을 무너뜨릴 수 있었어요. 벼 이삭은 익을수록 고개를 숙인다고, 이순신은 난중일기에 이 전투의 승리는 자신의 덕이 아닌 하늘의 도움 덕이라고 적었다고 합니다.

신에게는 아직 열두 척의 배가 남아 있습니다.

비슷한 표현

병에 찬 물은 저어도 소리가 나지 않는다
깊은 학식이나 출중한 재능을 가진 사람은 자신을 뽐내지 않고 겸손한 태도를 지닌다.

 이순신 장군은 명량 해전이 있고 난 일 년 후에 노량 해전에서 다시 왜적과 맞서 싸워 승리를 거두었습니다. 하지만 도망치던 적을 추격하다가 유탄에 맞는데요, 이때 이순신 장군은 "나의 죽음을 적에게 알리지 말라."라는 말을 남기고 눈을 감았습니다.

냉수 먹고 이 쑤시기

먹은 게 물밖에 없다면 음식물이 이 사이에 낄 리가 없겠지요? 그런데도 이쑤시개로 쑤신다는 것은 뭔가를 맛있게 먹은 척하기 위함이지요. '냉수 먹고 이 쑤시기'는 실속은 없으면서 괜히 있는 척할 때를 비유한답니다.

교과서 국어 3학년 2학기(나) 9단원 작품 속 인물이 되어 – 대단한 줄다리기

대동강 물 팔아먹은 김선달

김선달은 대동강 물을 길어 가는 사람들에게 돈을 주면서 내일 다시 돌려 달라고 했어요. 다음 날 김선달이 "물값을 내시오."라고 하자 사람들은 어제 받았던 돈을 주고선 물을 떠 갔죠. 이를 본 한 부자가 김선달에게 무슨 일이냐고 묻자, 김선달은 대동강의 물을 팔고 있다고 했어요. 냉수 먹고 이 쑤시는 김선달에게 완전히 속은 부자는 막대한 돈을 주어 물을 팔 권리를 샀어요. 하지만 이후 물을 긷는 사람들은 하나도 돈을 내지 않았죠. "아이고, 내가 김선달에게 속았구나!" 그제야 부자는 자신이 속았다는 사실을 깨닫게 되었습니다.

깃발 군사들

중국의 춘추 시대의 일입니다. 진나라의 장수인 위주와 선진은 위나라의 성을 무너뜨리려고 했어요. 선진은 군사들을 시켜 이동할 때마다 최대한 많은 깃발을 꽂아 놓으라고 했습니다. 이에 위주가 적진에 몰래 쳐들어가야 하는 것 아니냐고 따지자, 선진이 대답했어요. "위나라의 백성들이 깃발을 보면 큰 규모의 군대인 줄 알고 위압감을 느낄 것이오." 냉수 먹고 이 쑤시는 격이었지만, 위나라 백성들은 수천 개의 깃발을 등지고 쳐들어온 진나라 군대를 보고 겁에 질려 도망을 가고 말았지요.

비슷한 표현

허장성세(虛張聲勢)
헛되게 목소리의 기세를 높인다. 실력이 없으면서 허세를 부린다는 뜻이다.

 국기는 한 나라를 상징하는 깃발이에요. 우리나라의 국기인 태극기는 흰색 바탕 가운데 태극 문양과 네 모서리에 건곤감리 4괘로 구성되어 있어요. 흰색 바탕은 평화를 사랑하는 우리의 민족성, 태극 문양은 음양의 조화, 4괘는 음양의 변화와 발전을 나타낸답니다.

믿는 도끼에 발등 찍힌다

믿었던 사람이 나에게 거짓말하거나 또는 잘 풀릴 거라고 생각한 일을 그르치는 경우가 종종 있어요. 의심하지 않았던 사람에게 배신을 당하거나, 잘될 거라 믿은 일이 실패했을 때 믿는 도끼에 발등 찍혔다고 말해요.

교과서 국어 1학년 1학기(나) 7단원 생각을 나타내요 – 별주부전

신라 진흥왕과 백제 성왕

백제의 성왕과 신라의 진흥왕은 한강 유역을 차지한 고구려에 맞서기 위해 동맹을 맺었어요. 마침내 한강 유역을 차지했을 때 백제는 한강의 하류를, 신라는 한강의 상류를 나눠 가졌습니다. 하지만 진흥왕은 한강의 하류까지 얻고 싶어 했어요. 결국 신라가 한강 하류를 차지하기 위해 백제를 공격하면서 동맹은 깨지게 되었습니다. 믿는 도끼에 발등 찍힌 성왕은 이듬해 군대를 보내어 신라의 관산성을 공격했지만, 크게 패하고 그만 목숨을 잃었습니다. 이후 백여 년간 두 나라는 원수 사이로 지냈다고 해요.

늑대의 속셈

어느 날 양치기 개에게 산에 살던 늑대가 찾아왔어요. 늑대는 개가 소중한 친구 같은 존재라면서 한 가지 제안을 했어요. "개야, 나와 같이 산에서 자유롭게 살자. 함께 양들을 몰고 산으로 도망치는 거야!" 고민하던 개는 늑대의 제안을 받아들였어요. 늦은 밤, 둘은 함께 양들을 몰고 사람들 몰래 빠져나갔습니다. 한참을 도망쳐 더는 마을이 보이지 않을 때였습니다. 갑자기 늑대가 돌변하여 개를 공격했어요. 사실 늑대는 양을 차지하고 싶어서 개를 속였던 것이었죠. 믿는 도끼에 발등 찍힌 개는 후회했지만 소용없었어요. 결국 늑대는 양을 모조리 잡아먹고는 유유히 깊은 산속으로 사라졌습니다.

 비슷한 표현

신부작족(信斧斫足)
믿었던 것에 탈이 생기거나 도리어 해를 입는 경우를 말한다.

 왜 다들 한강을 얻으려고 다퉜을까요? 한강 유역은 평야가 발달하고 땅이 비옥해서 살기 좋은 곳이에요. 게다가 하류는 뱃길이 있어 중국과 교역하기 유리했답니다. 그래서 한강이 중요했던 것이죠.

굴러온 돌이 박힌 돌 뺀다

새로 들어온 사람이 원래 있던 사람을 내쫓거나 해를 입히고 괴롭히는 모습을 '굴러온 돌이 박힌 돌 뺀다.'라고 말해요. 이런 태도보다는 새로운 장소와 사람을 만났을 때 서로 조화롭게 맞춰 가는 노력이 필요해요.

교과서 국어 2학년 1학기(가) 6단원 차례대로 말해요 – 신데렐라

손톱 먹은 쥐

어느 집 처마 밑에 살던 쥐가 집주인이 아무 데나 버려둔 손톱과 발톱을 먹고서는 집주인과 똑같은 모습으로 둔갑했어요. 굴러온 돌이 박힌 돌 뺀다고, 가족들은 가짜에게 속아 진짜 집주인을 집에서 쫓아냈지요. 떠돌아다니던 집주인은 현명한 선비를 만나 조언을 얻었습니다. "고양이를 데려가 보는 게 어떻겠소?" 그 말대로 고양이를 집에 데려가자 겁먹은 쥐는 도망가 버렸고, 집주인은 다시 제 자리를 찾을 수 있었습니다.

신데렐라

신데렐라는 어린 나이에 어머니를 잃고 계모, 새언니들과 함께 살았어요. 굴러온 돌이 박힌 돌 뺀다고, 그들은 신데렐라에게 궂은일을 시키고 구박만 했죠. 그러던 어느 날, 왕궁에서 무도회가 열린다는 소식이 들려왔어요. 신데렐라도 가고 싶었지만, 계모와 새언니들의 심술 때문에 홀로 집에 남겨졌습니다. 울고 있는 신데렐라 앞에 요술 할머니가 나타나 드레스와 유리 구두를 만들어 주고, 무도회에 갈 수 있도록 도와줬어요. 다만 밤 12시 전까지 돌아와야 한다고 경고했죠. 왕자와 춤을 추던 신데렐라는 약속한 시간이 되어 급하게 왕궁을 빠져나오다가 구두 한쪽을 흘리고 와 버렸어요. 왕자는 이름도 모르던 신데렐라를 그 구두로 찾아내어 청혼했고, 재회한 두 사람은 결혼하여 행복하게 살았답니다.

 비슷한 표현

굴러온 돌한테 발등 다친다
새로 들어온 사람이 기존 사람을 내쫓거나 해를 입히는 경우를 비유한다.

 손톱은 손가락 끝을 보호하고, 물건을 집게 하는 등의 기능을 수행할 수 있게 도와주는 역할을 해요. 동물들은 손톱을 스스로를 보호하는 무기로도 쓰지요.

고양이 목에 방울 달기

실행하지도 못할 일을 괜히 입 아프게 떠들어 대는 것보다 현실을 직시하고선 현재 가능한 일을 먼저 하는 게 현명하겠지요. '고양이 목에 방울 달기'는 실행하기 힘든 일을 부질없이 의논만 하는 것을 이르는 말입니다.

교과서 국어 2학년 2학기(가) 3단원 말의 재미를 찾아서 – 별주부전

고양이 목에 방울 달기

어느 날부터 이웃집에서 고양이의 울음소리가 들려왔습니다. 시도 때도 없이 쥐구멍을 노리는 고양이가 두려웠던 쥐들은 한자리에 모여 회의를 했어요. 어떤 쥐가 말했습니다. "고양이 목에 방울을 매답시다. 그러면 언제라도 방울 소리를 듣고 도망칠 수 있을 거예요!" 모두 좋은 의견이라며 좋아했어요. "그런데 누가 고양이 목에 방울을 달지요?" 그 말에 자신이 하겠다며 나서는 쥐는 없었습니다. 그래서 하지도 못할 일을 말로만 늘어놓는 것을 '고양이 목에 방울 달기'라고 말한답니다.

호랑이 아가씨

김현은 한 아가씨와 사랑에 빠졌어요. 하지만 그녀는 사람으로 둔갑한 호랑이였지요. 아가씨는 울면서 김현에게 부탁했습니다. "저는 오라버니들을 대신해 속죄하여 죽을 생각입니다. 그러니 부디 도련님께선 제가 내일 장터에 나타나 횡포를 부리면 저를 죽여 공을 세우십시오." 다음 날 호랑이가 되어 나타난 아가씨는 난동을 부렸어요. 사람들에게 호랑이 잡기는 고양이 목에 방울 달기 같았기에 다들 달아났죠. 그때 김현이 나타나 숲으로 향하는 호랑이를 뒤따라갔습니다. 이내 둘만 남게 되자 아가씨는 사람으로 변하여 그에게 작별 인사를 남기고 스스로 목숨을 끊었습니다. 이후 김현은 절을 지어 죽은 호랑이 아가씨의 넋을 위로하였답니다.

✏️ 비슷한 표현

탁상공론(卓上空論)
현실성 없는 허황한 이론 또는 그런 논의를 의미한다.

💡 이야기에서 김현(金現)이 지었다는 절의 이름은 호원사(虎願寺)로, 신라 원성왕 시절 경상북도 경주시에 지어졌다고 알려져 있어요. 하지만 아쉽게도 현재는 절터만 남아 있어 눈으로 직접 확인하지 못해요.

쇠뿔도 단김에 빼랬다

단단한 소의 뿔은 불로 달궈 놨을 때 뽑기가 쉬워요. 그러니까 '쇠뿔도 단김에 빼랬다.'라는 말은 어떤 일을 하겠다고 마음먹게 되었으면 그 마음이 어디론가 가기 전에 재빨리 행동으로 옮기라는 뜻이지요.

교과서 국어 2학년 1학기(나) 11단원 상상의 날개를 펴요 – 욕심쟁이 딸기 아저씨

파가니니

누추한 차림의 어느 소녀가 길거리에서 바이올린을 연주하고 있었어요. 열심히 연주했지만 모두들 외면했어요. 소녀의 앞에 놓인 그릇에는 돈이 얼마 들어 있지 않았죠. 우연히 그 앞을 지나던 바이올린 연주가 파가니니는 소녀에게 다가가 여기서 뭘 하고 있냐며 물었어요. 소녀가 대답했습니다. "편찮으신 아버지의 약값을 벌려고 나왔어요." 애처로운 소녀를 도와주고 싶었던 파가니니는 쇠뿔도 단김에 빼랬다고, 그 자리에서 소녀의 바이올린으로 연주를 시작했어요. 사람들은 아름다운 파가니니의 바이올린 선율을 듣고 몰려들었고 소녀의 그릇에는 구경꾼들이 낸 돈으로 가득해졌죠.

외투와 제비

한 방탕한 젊은이는 부모님이 남겨 준 유산을 모조리 다 써 버리곤 거리를 배회하고 있었어요. 이제 그에게 남은 거라곤 입고 있는 외투 하나뿐이었죠. 그런 그의 머리 위로 제비 한 마리가 지나갔습니다. "제비가 날아온 걸 보니 이제 곧 봄이겠군. 그럼 이제 이 외투는 필요 없겠어." 쇠뿔도 단김에 빼랬다고, 그는 당장 외투를 팔아 버렸습니다. 하지만 그 후에도 매서운 겨울 추위는 이어졌어요. 오들오들 떨던 젊은이는 때 이르게 날아왔다가 얼어 죽은 제비를 발견하고선 경솔했던 자기 자신을 후회했지요.

반대 표현

돌다리도 두들겨 보고 건너라
확실한 일이라고 해도 여러 번 확인하며 조심하라는 뜻이다.

 니콜로 파가니니는 뛰어난 음악가였고, 그가 만든 다양한 바이올린 연주 기법과 곡은 오늘날에도 지대한 영향을 미쳤습니다. 특히 그의 바이올린 재능은 경이로워서 악마에게 영혼을 팔고 얻은 실력이라는 말까지 떠돌 정도였지요.

가재는 게 편

가재와 게는 분명 다른 생물이지만 갑옷같이 딱딱한 몸이나 집게발을 보면 생김새가 비슷해요. '가재는 게 편'은 모습이나 처지가 비슷한 쪽으로 마음이 기운다는 뜻이에요.

교과서 국어 2학년 1학기(가) 6단원 차례대로 말해요 – 기름장수와 호랑이

소금 장수 기름 장수

소금 장수는 산을 오르다가 호랑이에게 잡아먹혔어요. 호랑이는 여전히 배고팠는지 기름 장수까지 한 입에 삼켜 버렸죠. 가재는 게 편이라고, 호랑이 뱃속에서 만난 소금 장수와 기름 장수는 함께 힘을 합치기로 했어요. 어떻게 빠져나갈까 고민하던 두 사람의 배는 금방 허기져 왔어요. 먹을 것을 찾던 두 사람은 호랑이 뱃속 고기를 잘라 구워먹었습니다. 호랑이는 무슨 영문인지 모르고 아픈 배를 붙잡고 껑충껑충 뛰다가 죽어 버렸습니다. 그렇게 무사히 호랑이 배에서 탈출한 두 사람은 둘도 없는 친구가 되어 잘 지냈답니다.

여우와 나무꾼

나무꾼 앞에 한 여우가 나타나선 사냥꾼에게 쫓기고 있으니 숨겨 달라고 애원했어요. 나무꾼은 하는 수 없이 자신의 오두막에 여우를 숨겨 주었습니다. 잠시 뒤 사냥꾼이 나타나 나무꾼에게 여우를 보았는지 물었어요. 가재는 게 편이라고, 나무꾼은 못 봤다고 말하면서 손가락으로는 오두막을 가리켜 여우의 위치를 알려 줬죠. 하지만 그걸 눈치 못 챈 사냥꾼은 다른 곳으로 여우를 찾으러 갔고, 여우는 오두막에서 나와 아무 말 없이 떠나려 했어요. 나무꾼이 배은망덕하게 감사 인사 한 마디가 없느냐고 꾸짖자 여우가 말했습니다. "만약 당신이 손가락질하지 않았다면 저도 고맙다고 인사했을 겁니다."

비슷한 표현

유유상종(類類相從)
비슷한 사람들끼리 함께 어울린다는 뜻이다.

 갯벌에 사는 게는 대개 열 개의 다리가 몸통에 달려 있어요. 그 다리의 마디들은 옆으로 꺾어지기 때문에 옆으로 걸어 다니는 거죠. 하지만 밤게는 집게발을 비스듬히 들고, 느리게 앞으로 기어서 이동한다고 하니 신기하죠?

하나를 듣고 열을 안다

탐정들은 몇 가지 단서만으로도 진실을 알아내고, 어떤 사람은 많은 걸 알려주지 않아도 혼자서 척척 일을 해내요. '하나를 듣고 열을 안다.'는 한마디 말로도 여러 가지를 미루어 알아낼 만큼 총명하다는 뜻이에요.

교과서 국어 5학년 2학기(가) 1단원 마음을 나누며 대화해요 – 니 꿈은 뭐이가?

반석평

어느 재상의 집에 한 노비 아이가 있었습니다. 아이는 어렸을 때부터 총명하여 주변 어른들에게 귀여움을 샀습니다. 어느 날 재상은 자기 아들이 글 읽는 소리를 따라서 문장을 외우고 있는 노비 아이를 보게 되었습니다. 아이가 어찌나 영특한지 하나를 들으면 열을 아는 정도였죠. 재상은 아이의 재능이 아까웠습니다. 그래서 부잣집에 양자로 보내 신분을 만들어 주었습니다. 그래서 아이는 반석평이라는 새로운 이름을 갖게 되었습니다. 어른이 된 반석평은 훌륭히 재능을 펼쳐 나라에 큰 공헌을 하였으며, 재상가에 입은 은혜를 평생 잊지 않았다고 합니다.

나도밤나무

율곡 이이는 태어나서 일 년이 채 안 돼 글을 깨우쳤다고 할 만큼 하나를 들으면 열을 아는 신동이었습니다. 그런 그가 일곱 살이 되던 해, 한 스님이 찾아와서는 이이가 호랑이에게 물려 갈 팔자라고 했어요. 어머니인 신사임당이 어떻게 하면 좋느냐고 묻자, 스님은 밤나무를 천 그루 심으라고 조언했죠. 그리하여 밤나무를 심어 놓으니 스님이 찾아와서 천 그루가 맞는지 세어 보자 했습니다. 그런데 전날 한 그루가 말라 죽어서 그 수가 모자랐어요. 호랑이로 변한 스님이 이이를 데려가겠다고 하자 그 옆에 있던 나무가 "나도 밤나무!"라고 외쳤고, 호랑이는 고개 넘어 멀리멀리 사라졌답니다.

비슷한 표현

문일지십(聞一知十)
총명하고 영특하다는 뜻이다.

 나도밤나무는 밤나무의 잎과 닮아서 붙여진 이름이에요. 잎은 어긋난 타원 모양으로 가장자리에는 잔톱니가 발달해 있습니다. 열매는 붉은색 핵과를 맺으며, 계곡처럼 습기 많은 장소에서 잘 자란다고 합니다.

굼벵이도 구르는 재주가 있다

느릿느릿 굼벵이는 무슨 재주를 가지고 있을까요? 몸을 둥글게 말고 구르기를 잘하지요. 이처럼 별 볼 일 없어 보이는 사람도 재주 하나쯤은 있기 마련이란 뜻이에요.

교과서 국어 4학년 1학기(가) 1단원 생각과 느낌을 나누어요 – 가끔씩 비 오는 날

방귀쟁이 며느리

새로 들어온 며느리의 얼굴이 점점 노랗게 변하자, 시아버지가 어디 아프냐고 물었어요. 방귀를 참아서 그렇다는 며느리 말에 웃던 시아버지는 시원하게 방귀를 뀌라고 했죠. 며느리가 그동안 참았던 방귀를 뀌자 집이 폭삭 무너져 버렸어요. 며느리에겐 방귀를 크게 뀌는 재주가 있던 거죠. 시아버지는 며느리를 친정에 보내기로 결정하고, 함께 친정으로 향하고 있었습니다. 지나던 길에 배나무를 발견한 시아버지는 배가 먹고 싶다고 했어요. 굼벵이도 구르는 재주가 있다고, 그 말을 들은 며느리가 나무 앞에서 방귀를 뀌자, 배가 우수수 떨어졌습니다. "우리 며느리 방귀도 쓸모가 있구나." 생각을 바꾼 시아버지는 며느리를 데리고 집에 돌아갔답니다.

루돌프 사슴 코

빨간 코를 가진 루돌프는 다른 순록들에게 놀림을 받았어요. "넌 왜 코도 못나고, 할 줄 아는 것도 없니?" 루돌프는 늘 외톨이로 지내야 했습니다. 어느 날, 산타클로스가 선물 썰매를 끌 순록을 찾으러 왔습니다. 멋진 뿔을 가진 순록들이 아닌 루돌프를 선택했지요. 루돌프가 물었습니다 "전 코도 못나고 잘난 것도 없는데, 왜 절 뽑으셨어요?" "너의 반짝이는 빨간 코가 어두운 밤을 밝혀줄 수 있잖니." 굼벵이도 구르는 재주가 있다는데, 루돌프의 빨간 코는 밤에도 환하게 빛났던 거예요. 루돌프는 전 세계 어린이들에게 줄 선물을 썰매에 싣고 신나게 달렸답니다.

비슷한 표현

우렁이도 두렁 넘을 꾀가 있다
미련하고 못난 사람에게도 한 가지 재주는 있다는 말이다.

 크리스마스엔 신나는 캐롤이 빠질 수 없죠? 그중에서 우리가 "루돌프 사슴 코는 매우 반짝이는 코"라고 흥얼거리던 그 노래를 알고 있을 거예요. 이 노래는 로버트 메이라는 사람이 빨간 코를 가진 순록 루돌프에 대해 쓴 동화에서부터 만들어지게 되었답니다. 지금도 전 세계적으로 많은 사랑을 받고 있지요.

빛 좋은 개살구

개살구는 살구와 비슷한 생김새를 하고 있지만, 진짜 살구보다는 시고 떫은맛이 나요. '빛 좋은 개살구'는 겉만 번지르르하고 실속 없음을 비유한답니다.

교과서 국어 4학년 2학기(나) 8단원 생각하며 읽어요 – 당나귀를 팔러 가는 아버지와 아이

사치스러운 왕

어느 왕국에 사치스러운 왕이 있었어요. 하루는 성을 구경하던 한 아이가 왕을 만나 물었습니다. "왕께서는 왜 멋진 옷을 입고 보석을 두르세요?" 왕이 대답했어요. "멋진 모습을 하면 모두가 좋아하기 때문이란다." "하지만 성 밖에 사람들은 누더기를 입은 채 굶주리고 있어요. 과연 누군가를 좋아할 힘이 있을까요?" 왕은 충격을 받았습니다. 겉모습만 멋지고 화려한 왕은 빛 좋은 개살구에 불과해요. 국민이 행복할 수 있도록 나라를 다스려야 훌륭한 왕이죠. 이후 사치를 그만둔 왕은 나라를 살뜰히 보살폈고, 국민은 왕을 사랑할 수 있게 되었습니다.

겁쟁이 사냥꾼

한 사냥꾼이 숲속을 돌아다니며 사자 발자국을 찾아다니다가 나무꾼을 발견하고 다가갔어요. "안녕하시오. 나는 사자 발자국을 찾아다니던 중이었는데, 혹시 본 적 있으시오?" 일에 열중하던 나무꾼은 잠시 도끼를 내려놓고 기억을 더듬었습니다. "사자 발자국은 본 적 없지만, 사자가 있는 동굴의 위치는 알고 있습니다. 그곳까지 데려가 드릴까요?" 나무꾼은 총을 어깨에 멘 사냥꾼이 당연히 수락하리라고 생각했지만, 예상과 달리 사냥꾼은 기겁하며 고개를 저었어요. "됐소! 나는 그저 발자국만 찾아다니는 중이라오!" 겁쟁이 사냥꾼의 총은 그저 빛 좋은 개살구에 불과했던 것이었죠.

내가 빛 좋은 개살구였다니….

 비슷한 표현

화이부실(華而不實)
꽃은 화려하나 열매가 없다. 겉모습은 화려하지만, 실속 없다는 뜻이다.

 마리 앙투아네트는 사치스러운 여왕으로 알려져 있죠. 하지만 이는 오해예요. "빵이 없으면 케이크를 먹으라 해."라는 말은 실제로 한 적이 없었으며, 오히려 마리 앙투아네트와 루이 16세는 선대 왕에 비해 검소했어요. 그녀는 사형대에 오르면서 실수로 사형 집행인의 발을 밟자 "일부러 그런 게 아니에요. 미안합니다."라고 사과했다고 해요.

하늘의 별 따기

'하늘의 별 따기'는 무엇을 이루거나 얻기 어려울 때 하는 말이에요. 드라마나 소설 속의 '별도, 달도 다 따줄게.'라는 말은 불가능한 일이라도 사랑하니까 해내 보이겠다는 마음을 담은 것이죠.

교과서 국어 2학년 2학기(나) 9단원 주요 내용을 찾아요 – 어떻게 하면 좋을까

하늘을 나는 거북이

하늘을 날고 싶은 거북이가 있었어요. 하지만 날개 없이 하늘을 난다는 건 하늘의 별 따기였죠. 그래서 거북이는 솔개를 찾아가 부탁했어요. "솔개야, 내가 하늘을 날 수 있게 도와줘!" 솔개는 거북이의 간절한 부탁을 모른 척할 수 없었어요. 솔개는 발로 거북이 등껍질을 꽉 잡고 하늘 높이 날아올랐습니다. "거북아, 이제 네 힘으로 하늘을 날아 봐." 이내 하늘을 가르던 솔개가 붙잡고 있던 거북이를 놨어요. 거북이는 허공에서 허우적댔지만, 바닷속으로 풍덩 빠지고 말았답니다.

연이와 버들도령

연이는 나물을 구해 오라는 계모의 말에 산을 헤맸지만, 한겨울에 참나물을 구하는 건 하늘의 별 따기였어요. 그러다 풀이 무성한 동굴을 발견하게 됐죠. 연이는 동굴에서 만난 버들도령의 도움으로 나물을 구했습니다. 다시 동굴을 찾아갈 땐 "김해 김도령 남해 남도령 문을 열어라."라는 주문을 외우고 도령을 만났죠. 또한 연이는 도령이 키우던 신비한 힘을 가진 꽃들도 알게 되었어요. 한편 연이를 수상하게 여긴 계모는 연이의 뒤를 몰래 쫓아가 버들도령을 죽였어요. 슬퍼하던 연이는 다행히 도령에게 들었던 환생꽃을 떠올려 도령을 되살렸죠. 계모를 떠난 연이는 도령과 혼인하여 행복하게 살았습니다.

 반대 표현

누운 소 타기
매우 손쉬운 일을 뜻한다.

 별들은 저마다 밝기와 색깔도 제각각이랍니다. 특히 색깔은 별의 표면 온도와 관련이 깊어요. 온도가 가장 낮은 별은 빨간색이며, 온도가 높아지면서 주황색, 황색, 황백색, 백색, 청백색, 청색을 띠게 됩니다. 가장 뜨거울 것만 같은 빨간 별이 온도가 가장 낮은 별이라니, 정말 의외죠?

얌전한 고양이가 부뚜막에 먼저 올라간다

겉으로는 순진하고 아무것도 하지 않을 것 같은 사람이 남들보다 먼저 자기 이익을 챙기거나 딴 맘을 품고 있을 때를 비유합니다. 실속 차리는 것도 중요하지만, 다른 사람을 속여서 무너진 신뢰는 되돌리기 어려울 거예요.

교과서 국어 6학년 1학기(나) 8단원 인물의 삶을 찾아서 - 버들이를 사랑한 죄

엽전 한 푼

옛날 중국에는 장괴애라는 청렴한 관리가 있었어요. 그가 숭양이라는 고을에 부임되었을 때 날마다 관아의 재산이 조금씩 사라지는 걸 알게 되었죠. 며칠이 지나고 그는 우연히 창고에서 도둑질하던 사람을 잡았어요. 얌전한 고양이가 부뚜막에 먼저 올라간다고, 그는 고을의 아전이었습니다. "한 번만 용서해 주십시오. 제가 훔친 건 고작 엽전 한 푼 아닙니까!" 장괴애는 "하루에 한 푼이면 천 일이면 천 푼이다! 뻔뻔하기 그지없구나!"라고 화냈고, 죄를 뉘우칠 줄 모르는 아전은 큰 벌을 받았답니다.

때까치와 여우

어느 날 여우는 생선 가게를 발견하고선 때까치와 함께 생선을 훔쳐 먹을 계획을 짰습니다. 이튿날, 때까치는 가게 주인 앞으로 가서 알짱거렸어요. "아니, 까치 이놈이!" 주인은 때까치를 내쫓으려 했고, 때까치는 그런 주인을 가게 밖으로 유인했죠. 그러는 사이에 여우는 생선을 죄다 훔쳐 달아났습니다. 이후 때까치는 여우를 다시 만나 자신의 몫을 달라고 했어요. 얌전한 고양이가 부뚜막에 먼저 올라간다고, 이미 물고기를 다 먹어 버린 여우는 뻔뻔하게 먹다 남은 뼈를 건네주었습니다. 화가 머리끝까지 치민 때까치는 여우와 다신 어울리지 않았답니다.

비슷한 표현

내숭
겉모습은 순해 보이지만 속은 엉큼함.

가식(假飾)
말이나 행동을 거짓으로 꾸밈.

 부뚜막은 부엌 아궁이 위에 흙과 돌을 쌓아서 솥을 걸어둔 곳을 말해요. 아래에 있는 아궁이에 불을 피우면 솥으로 요리를 할 수 있었죠. 옛날부터 부뚜막을 부엌에서 가장 신성한 곳으로 여겨 이 곳에 사람이 걸터앉는 것을 안 좋게 보았다고 합니다.

바늘 도둑이 소도둑 된다

처음에는 작은 나쁜 짓으로 시작했다 하더라도 계속하다 보면 감당하지 못할 큰 잘못을 저지르게 될지도 몰라요. 그러니 우선 잘못을 저질렀다면 그 행동을 반성하고 다시 반복하지 않도록 노력해야 해요.

교과서 국어 2학년 2학기(나) 7단원 일이 일어난 차례를 살펴요 – 쇠붙이를 먹는 불가사리

도둑질한 아이

한 아이가 친구의 물건을 훔쳐 집에 가져왔습니다. 그걸 본 어머니는 야단은커녕 칭찬해 주었죠. 바늘 도둑이 소도둑 된다고, 어른이 된 아이는 빈집을 털다가 현장에서 잡혀 사형장으로 끌려갔습니다. 그는 사형장에 모습을 드러낸 어머니를 보고, 어머니께 할 말이 있다며 귓속말을 할 수 있게 부탁했어요. 어머니가 다가가자 그는 이로 어머니의 귀를 물어 버렸습니다. 어머니가 범죄로도 모자라 불효까지 저지르느냐며 꾸짖자 그가 말했습니다. "만약 어머니가 어린 저를 혼내셨더라면 지금 제가 이렇게 되진 않았을 겁니다!"

요술 감투

어느 나무꾼이 숲에서 감투를 발견했어요. 그 감투는 자신의 모습이 남에게 보이지 않도록 해 주는 요술 감투였죠. 나무꾼은 감투를 쓰고 장터로 가서 아내가 갖고 싶다던 바늘쌈, 색색의 실을 훔쳐 왔어요. 바늘 도둑이 소도둑 된다고, 대범해진 나무꾼은 이제 고기와 쌀, 비단까지 훔쳤습니다. 나무꾼의 아내는 남의 것을 훔치는 건 안 된다며 감투를 당장 버리라고 했어요. 하지만 나무꾼이 들은 척도 안 하자, 아내는 몰래 감투에 빨간 천을 덧대어 놓았어요. 사람들은 빨간 천 쪼가리가 물건 훔쳐 간다는 걸 알고 몽둥이를 휘둘렀습니다. 나무꾼은 그제야 울며불며 자신의 잘못을 인정했죠.

✏️ 비슷한 표현

개가 겨를 먹다가 말경에는 쌀을 먹는다
처음엔 조금 나빴던 것이 점점 크게 나빠진다.

 고조선에서는 8조법을 만들어 질서를 유지했어요. 지금은 다음 3개의 조항만 전해지고 있어요. '남을 죽인 사람은 사형에 처한다.' '남을 때려 다치게 한 사람은 곡식으로 보상한다.' '남의 물건을 훔친 사람은 그 물건 주인의 노예가 되어야 한다. 만약 풀려나려면 50만 전을 내야 한다.'

큰 둑도 작은 개미구멍으로 무너진다

사소한 결함을 발견하고선 별거 아니라고 넘겨 버리면 나중에는 재앙이 될 수 있어요. 발견하는 즉시 바로바로 고치고, 치료해야 후환이 없는 것이죠.

교과서 국어 2학년 1학기(가) 1단원 시를 즐겨요 - 치과에서

일찍 치료받았으면

명의 편작이 채나라의 환공의 살갗에 난 병을 보고선 지금 치료하지 않으면 더 심해질 수 있다고 했어요. 환공은 자기 몸에는 아무 문제가 없다며 넘겼죠. 이후 열흘 간격으로 편작은 환공의 근육, 위장에 병이 들었다고 말하다가 어느 날에는 아무 말 없이 그를 물끄러미 지켜보다가 돌아갔습니다. 이유를 물으니, "살갗과 근육, 위장의 병은 고칠 수 있으나 골수까지 스민 병은 고칠 수 없소."라고 말했어요. 얼마 지나지 않아 환공은 병이 도져 죽고 말았습니다. 큰 둑도 작은 개미구멍으로 무너지는 법이었죠.

호동왕자와 낙랑공주

고구려의 왕자 호동은 낙랑을 구경시켜 주겠다는 낙랑의 태수, 최리를 따라갔다가 그곳의 공주와 사랑에 빠졌어요. 하지만 낙랑은 고구려가 정복하려는 땅이었습니다. 그래서 왕자는 몰래 사람을 통하여 공주에게 말을 전했어요. 적이 쳐들어오면 스스로 울리는 낙랑의 북, 자명고를 찢어 놓으면 자신과 다시 만날 수 있을 거라는 이야기였죠. 고민하던 공주는 결국 자명고를 찢어 놓았습니다. 큰 둑도 작은 개미구멍으로 무너진다고, 그 틈을 타 고구려의 군대는 낙랑으로 쳐들어갔고 낙랑은 속수무책이었어요. 이 사실을 알고 화가 난 최리는 공주를 죽였고, 호동왕자는 죽은 공주를 보며 슬피 울었답니다.

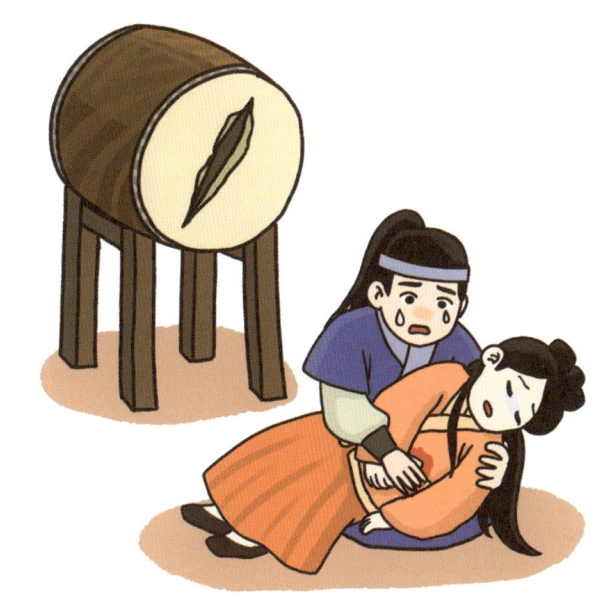

 비슷한 표현

제궤의혈(堤潰蟻穴)
사소한 실수로 큰일을 망친다는 뜻이다.

 북은 나무로 짠 통에 가죽을 팽팽히 씌운 채로 두드리는 타악기입니다. 우리가 흔히 보는 북은 보통 소나무 조각을 모아 북통을 만들고 소가죽을 씌운 것들이에요. 못을 박아 가죽을 고정한 것들도 있지만, 가죽끈으로 얽어맨 것이 더 많답니다.

쇠귀에 경 읽기

대부분의 사람은 관심 없는 이야기를 잘 귀담아듣지 않아요. 말도 모르는 소의 귀에 대고 불경을 읽어도 마찬가지죠. '쇠귀에 경 읽기'는 아무리 일러 줘도 알아듣지 못함을 비유하지요.

교과서 국어 1학년 2학기(가) 4단원 바른 자세로 말해요 – 딴생각하지 말고 귀 기울여 들어요

빨간 구두

홀어머니를 여읜 카렌은 어느 할머니의 양녀로 들어갔어요. 할머니가 어머니 장례식에 신고 갈 검정 구두를 사라며 돈을 줬지만, 카렌은 갖고 싶던 빨간 구두를 샀어요. 사람들은 무도회에서나 신는 신발이라 말했지만, 쇠귀에 경 읽기였을 뿐, 카렌은 어딜 가든 빨간 구두를 신었죠. 어느 날 할머니가 병에 걸렸는데, 카렌은 간호하지 않고 무도회에 갔어요. 무도회에서 빨간 구두는 제멋대로 춤췄어요. 카렌이 구두를 벗으려 해도 벗겨지지 않았죠. 정신없이 춤추던 카렌은 숲속에서 만난 나무꾼에게 부탁했어요. "제발 춤을 멈추게 해 주세요!" 결국 카렌은 춤을 멈췄지만, 빨간 구두는 계속 춤추며 멀리 사라졌습니다.

요술 궤짝

어느 가난한 사람이 부자인 친구를 찾아가 도움을 청했어요. 친구는 요술 궤짝을 주며 하루에 한 번, 궤짝에 손을 넣어 돈을 가져가라고 했어요. 하지만 그의 말은 쇠귀에 경 읽기였는지, 가난한 사람은 하루에 수십 번 궤짝에 손을 넣어 돈을 꺼냈습니다. 사실 그 요술 궤짝은 나랏돈을 모아둔 창고와 연결되어 있었어요. 결국 두 사람은 나랏돈을 훔친 범인인 게 들통나 관청에 끌려왔죠. 이때 친구가 그림 하나만 그리자고 부탁했어요. 친구가 그린 말은 종이에서 튀어나왔고, 그 말은 친구를 등에 태워 하늘로 멀리 날아갔답니다.

✏️ 비슷한 표현

마이동풍(馬耳東風)
말의 귀에 동풍이라는 뜻으로, 남의 말을 조금도 귀 기울여 듣지 않고 흘려 버린다는 의미이다.

💡 도술은 도를 닦아 여러 가지 조화를 부리는 술법을 뜻합니다. 《홍길동전》이나 《서유기》에선 뛰어난 도술가가 주인공이에요. 우리가 잘 아는 전우치 역시 뛰어난 도술 실력을 지녔어요. 전우치가 죽은 줄 알고 무덤을 만들어 주었지만 무덤 속 관에서 탈출하는 일까지 있었다고 하죠.

속담 퀴즈

비슷한 표현을 찾아 선으로 이어 주세요.

하나를 듣고 열을 안다 •　　　　　　• 문일지십

시작이 반이다 •　　　　　　• 고양이 목에 방울 달기

탁상공론 •　　　　　　• 천 리 길도 한 걸음부터

빈칸에 알맞은 단어를 넣어 주세요.

❶ 되로 주고 ☐ 로 받는다

❷ 용의 ☐☐ 보다 뱀의 머리가 낫다

❸ 믿는 ☐☐ 에 발등 찍힌다

도움받은 자료들

책

《그래서 이런 고사성어가 생겼대요》, 우리누리, 길벗스쿨, 2015
《무슨 말을 그렇게 해?》, 김옥림, 팬덤북스, 2017
《생방송 한국사 4》, 서예나, ㈜북이십일 아울북, 2017
《이솝 우화》, 이솝, 문예출판사, 2009

기사

"[IF] 아차! 단위를 헷갈려서… 6600억이 허공으로", 박건형, 조선비즈, 2015
"[기자칼럼] 인생의 밑바닥에서 인생을 알게 된 해리 포터 작가 조앤 롤링", 이두용, 한국투데이, 2019
"산타 할아버지, 루돌프, 크리스마스 트리의 유래는?", 우한재, 아주경제, 2020
"손흥민, 영국 BBC 팬 투표서 '올해의 토트넘 선수' 선정", 안경남, 뉴시스, 2022
"아이들 보는 데서는 찬물 먹는 것도 조심해야", 조왕래, 브라보마이라이프 매거진, 2017

누리집

두산백과, http://www.doopedia.co.kr

초등학생을 위한 교과서 속담사전

글쓰기가 좋아지는 국어 탐구활동 교과서

1판 1쇄 펴낸 날 2022년 8월 16일
1판 2쇄 펴낸 날 2023년 5월 10일

글·그림 은옥
감수 전기현

펴낸이 박윤태
펴낸곳 보누스
등록 2001년 8월 17일 제313-2002-179호
주소 서울시 마포구 동교로12안길 31 보누스 4층
전화 02-333-3114
팩스 02-3143-3254
이메일 viking@bonusbook.co.kr
블로그 http://blog.naver.com/vikingbook

ⓒ 윤서정, 2022

- 이 책은 저작권법에 의해 보호를 받는 저작물이므로 무단전재와 무단복제를 금합니다.
  이 책에 수록된 내용의 전부 또는 일부를 재사용하려면 반드시 지은이와 보누스출판사 양측의 서면동의를 받아야 합니다.

ISBN 978-89-6494-565-0 73710

바이킹은 보누스출판사의 어린이책 브랜드입니다.

- 책값은 뒤표지에 있습니다.

초등학생을 위한 탐구활동 교과서

교과서 잡는 바이킹 시리즈

교과서가 재밌어진다! 공부가 쉬워진다!

STEAM 초등 과학 실험 캠프
조건호 지음 | 민재회 그림

초등학생을 위한 과학실험 380
E. 리처드 처칠 외 지음 | 천성훈 감수

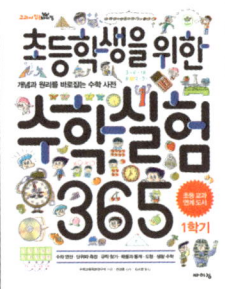

초등학생을 위한 수학실험 365 1학기
수학교육학회연구부 지음 | 천성훈 감수

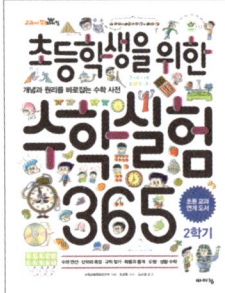

초등학생을 위한 수학실험 365 2학기
수학교육학회연구부 지음 | 천성훈 감수

초등학생을 위한 요리 과학실험 365
주부와 생활사 지음 | 천성훈 감수

초등학생을 위한 요리 과학실험실
정주현, 달달샘 김해진 감수

초등학생을 위한 개념 과학 150
정윤선 지음 | 정주현 감수

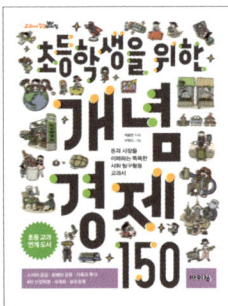

초등학생을 위한 개념 경제 150
박효연 지음 | 구연산 그림

초등학생을 위한 자연과학 365 2학기
자연사학회연합 지음 | 정주현 감수

초등학생을 위한 개념 경제 150
박효연 지음 | 구연산 그림

초등학생을 위한 개념 한국지리 150
고은애 외 지음 | 전국지리교사모임 감수

초등학생을 위한 개념 국어: 고사성어
최지희 지음 | 김도연 그림

초등학생을 위한 교과서 속담 사전
은옥 글·그림 | 전기현 감수

생각이 자라는 어린이책

블로그
blog.naver.com/vikingbook

인스타그램
@viking_kidbooks